每天的生活，都是靈魂的精心創造

You create your own reality.

每天的生活，都是靈魂的精心創造

You create your own reality.

You create your own reality.

每 天 的 生 活 ， 都 是 靈 魂 的 精 心 創 造

妙參作品 5

禪問

作者——妙參
總編輯——李佳穎
責任編輯——管心
美術設計及版面構成——蒂朵
發行人——許添盛
出版發行——賽斯文化事業有限公司
地址——新北市新店區中央七街26號4樓
電話——22196629　傳眞——22193778
郵撥——50044421
版權部——陳秋萍
數位出版部——李志峯
行銷業務部——李家瑩
網路行銷部——高心怡
法律顧問——北辰著作權事務所
總經銷——吳氏圖書股份有限公司
地址——新北市中和區中正路788-1號5樓
電話——32340036　傳眞——32340037
2014 年4月1日　初版一刷
售價新台幣280 元（缺頁或破損的書，請寄回更換）

ISBN 978-986-6436-54-3
賽斯文化網站http://www.sethtaiwan.com

妙參／著

禪問

新時代修行的70個處方

Zen Answers

關於賽斯文化

發行人 許添盛醫師

我是個腳踏實地的理想主義者。賽斯文化，是為了推廣身心靈健康理念而成立具公益性質的文化事業，希望透過理性與感性層面，召喚出人類心靈的「愛、智慧、內在感官及創造力」，讓每位接觸我們的讀者，具體感受「每天的生活，都是靈魂的精心創造——You create your own reality.」我們計畫出版符合新時代賽斯精神之書籍、有聲書、影音商品及生活用品，並將經營利潤致力於賽斯思想及身心靈健康觀念的推廣，期待與大家攜手共創身心靈健康新文明。

禪問

新時代修行的70個處方

【目錄】

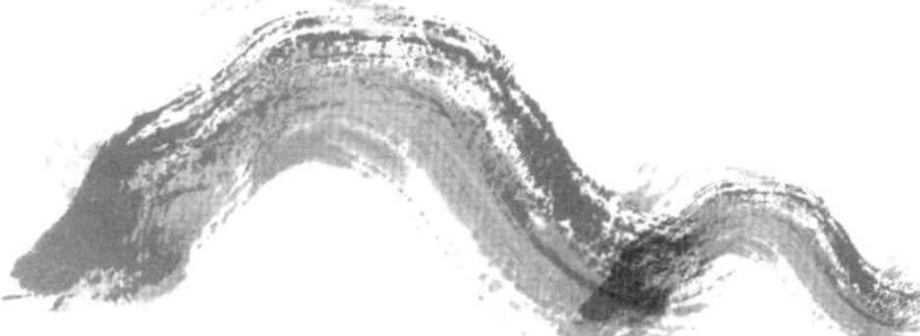

〈自序〉

對名相的真正理解

本書內容取材於我平日跟學生上課時的師生問答，對於學生所提的問題，我給予的回答是要讓他們對禪宗能有更深的了解。這些學生來自不同國家及社會階層，有美國學生、蘇俄學生、中南美洲的學生，當然還有住在不同地區的華人。

這些華人學生因爲薰習的環境不同，對於佛法的觀念有時會有很大的差異。相較之下西方人的思想則比較一致，因爲大部分人都成長於天主教或基督教觀念影響的環境，不管他們信教或不信教，都會受到當地宗教的薰染。除了受到宗教觀念影響之外，西方社會也深深受其科學文化影響，西方人傾向以眼見爲憑的物質理解，來類比佛法禪宗的觀念，這種情形在東方國家也日漸普遍。

現代科學可說是一個新興宗教，現代人往往以科學理論、能量物理等學說，來理解心靈觀念，中國古人則會以道家或儒家觀念，旁徵博引來了解佛法、類比佛法。例如佛法所談的「心」、「心性」或「佛性」，都是「空有一如」的概念，既是空又是有，這點在西方社會很難被普羅大衆體會，甚至很難被一般佛教徒理解。

西方社會基本上是以「有」爲本質去認識世界，以「二元認識」的科學基礎或能量物理去了解宇宙生命的起源。對西方人或現代人而言，以「物質現象的存有」去了解「空有一如」的心或生命源頭，是相當大的文化挑戰，存在著不可理解、不可思議的根本矛盾。

現代人對於宗教系統有著多極化的分歧看法，一種是致力於恢復宗教信仰，一種是以另類的心靈依靠或理論來代替原有宗教的地位，一種是完全走入純物質的觀念，以科學代替其原有信仰。有一類人什麼都不信，活在追求物質的世界，今朝有酒今朝醉，沒有未來，沒有因果，人死如燈滅。另外更多的人是什麼都沾一點邊，處於灰色地帶，平日忙碌於生活現實壓力、同儕壓力、家庭壓力、社會壓力，無暇思考生命問題，等自身或親友碰到心靈或生老病死等問題時，才會從現實壓力中抽離，試圖處理或思考生命的大問題，但往往囿於現實的忙碌與壓力，很快又淡忘了。

縱使是佛教徒，對於佛法的基本名詞和觀念，往往存有很多錯誤理解，以訛傳訛，造成社會的負面影響。例如「業」或「業障」廣泛被東西方人採用，有正面的影響，但更多的是負面影響。誤用名詞的作法，使得普羅大眾對佛法產生誤解，諸如佛法是消極等等錯誤認識，令人排斥非議佛法，拒之千里，或令學佛的人迷惑於錯誤的觀念而耽誤修行，更有一等人以佛法詞彙爲自己犯錯的開脫藉口，佛法成爲他不願改過而懈怠墮落的理由。

本書希望透過問題的多方觸角，令大衆對佛法或禪宗的觀念有更深入、更正確的理解。正確的單詞才能表達出完整的句子，進而變成一篇優美的文章。學佛的人若是對名相沒有眞正的理解，卻終日於嘴邊侃侃而論，豈不是自己迷惑自己？以自己不懂的名詞而解釋佛法禪宗，是現代學佛人很大的毛病，只有對心性或佛法眞正下過功夫的人，才能眞正了解一個詞、一個名相。

禪宗講「標月之指」，指月亮的手指頭是工具，就像佛法的名相、經典文字，月亮是自己的心性。因爲大部分人沒有悟道，心中有執著，如同烏雲障蔽月亮，所以需要藉由文字語言來理解、表達。古人講：「因星而悟，悟後非星，不隨於物，不是無情。」雖然文字語言是指月亮的手指頭，希望本書能藉著多方向的指頭，讓學佛之人從不同方向觀念入手，若能因本書的隻字片語而有所啓發提升，即達到本書的目的。

妙參　序於美國加州毗盧禪寺

【第一部】

釋名相

1 心

禪宗所講的心不是西方人講的心，也不是心臟的心。西方人講的心是主管邏輯、知識等作用，禪宗講的心是指生命的源頭。心沒有形相但可以起作用，例如人有腦波，腦波就是心所生的作用。人有不同想法就有不同的腦波，但是科學儀器無從得知腦波從哪裡來，能夠產生腦波變化的這個心才能讓人活著。

念頭是能量、現象，現象跟現象連結，能量跟能量不能分割。心不僅能夠起念，還能夠造出有形有相的世界，也能夠讓人看到有形有相的世界，這三者是同時發生。身體、山河大地，一切變化是心造的。不要小看心可以起念這件事，心可以起念就是指心可以造出現象，心有能力起這種作用。

禪宗講的心或是佛法講的佛性，是指生命最高的源頭。每個人都有心，每個人的心都可以起作用，但是心沒有形相，科學所發展的種種儀器也找不到心。儀器是物質現象，所以科學儀器所測量到的是科學儀器跟另外一種現象能量之間的關係，也就是能量跟能量之間的關係性。一般人誤解心是無限能量的組合，不是的。無限的能量還是心所生的作用，這個要分清楚。

或許可以講一切能量是從白洞出來的，一切能量剎那之間也回到黑洞，黑洞跟白洞是一體的兩面。心是空，用空來形容心是因爲它沒有形相，所以它可以含攝、容納所有現象，心空的特質某種程度就像黑洞。但是心又是活的，它有覺性，可以起作用，這個能力就像白洞可以現出一切現象。黑洞跟白洞不能分，空與有不能分。

念頭是作用，念頭不是從大腦來的，念頭是一種存在現象、一種能量，腦細胞也是一種存在、能量。心起念的同時有念頭、有腦波，也有腦細胞之間的化學分泌、電流，不僅如此，身體的每個細胞同時都因爲心起作用而變化。這個白洞起作用時不是區域性的，是整體性的。黑洞吸納所有能量也不是區域性的，是整體性的。科學實驗只能找到作用之間的關係性，事實上作用是一起生起的。

不僅念頭跟腦細胞的變化有密切關係，周圍任何一粒灰塵跟你的腦細胞、念頭也有密切關係，只是你看不到這樣的密切關係，講密切是因爲現象不能分開。例如在一個房間裡有很多人，你會覺得人是這個空間的主體，但是這個空間的角落灰塵也是構成這個空間的條件，沒有這些條件，這個空間的存在就不是如此。

一般所謂的心理現象是指思維、情緒、煩惱。沒有心，人不會有念頭、感覺、情緒。禪宗講的心不只包括心理現象，更包括所有的物質現象。念頭、身體、環境、山河大地，一切爲心包含，心是精神層面跟物質層面的源頭。生氣好像是一種心理作用，但是起生氣念頭的同時，身體也同時變化，不是生氣的念頭在先、生氣的身體反應在後。所以物理現象、生理現象跟心理現象，是心不同層面的作用，而且連接在一起不可分。

或者可以說物質世界是比較粗糙的精神世界，而精神世界是一種次物質現象。生理跟心理不能分，不能分的意思不是一般人說「心理影響生理」，而是眞正不能區分。心的作用是不能分割，所以不是一個叫做精神、一個叫做物質，物質跟精神都是心生出的作用，只是作用的深淺不同。物質可說是心生出來比較執著的作用，念頭則是心生出來比較微細的作用，所以嚴格講沒有所謂的心理跟生理，沒有所謂的精神跟物質。

當心起一個負面的作用，例如起煩惱，這時有煩惱的念，同時也有煩惱的身體、煩惱的關係、煩惱的物質現象。煩惱是心不知不覺起的模糊作用，可以講是潛意識起的作用，但它是自己心所生。不要有煩惱，必須心不生煩惱，心要清淨、活潑、作主。

2 學佛

你用佛的觀念去生活，你就是佛；你用人的觀念去生活，你就是人；你用畜生的觀念去生活，你就是畜生。用佛的觀念取代自己既有的觀念，用佛的行爲取代自己的行爲，就是學佛。人學佛是用人既有的觀念執著在學，心裡還不是眞正有佛的觀念，這必須經過一個轉化過程。打個比方，一間舊房子的裝潢已經髒了、破了，新的家具和建材就如同佛、菩薩的知見，不可能把新的東西搬進房子裡，房子就會變漂亮、舒適，還必須經過一段時間跟努力來轉化。所以不是人學佛了就會進步，還要看人能用佛的

觀念知見轉化自己多少的思想和行爲。

以前一個年輕人忽然做了一件大壞事，警察抓到他後就問：「你爲什麼好日子不過，而要作奸犯科，做這件大惡事呢？」他就講：「因爲我看到一本書上寫，人如果不能留名青史，那就遺臭萬年。我是做不到留名青史，但是我可以做得到遺臭萬年。」這件事聽來很可笑，但是人不離開一個原則，你往心裡放什麼東西，你就用什麼東西。在心裡放不好的觀念，就像放一坨大便在房子裡，人會聞到它，並且認爲它是唯一的味道。

心裡有什麼觀念，外面就有跟這個觀念相應的世界。觀念不同，行爲就不同，結果就不同。人心的本質跟佛的心完全一樣，只是人在自己心裡面擺的東西不同於佛心的清淨、智慧。好比每個人都有一個家，佛也有一個家，佛家裡面擺什麼就有什麼，擺什麼都很乾淨、整齊、莊嚴，不擺東西也很莊嚴。佛的房子沒有一定的裝潢，但是什麼都有，有的同時又不執著，有的同時又是空，不執著就能即做即了。人的房子跟佛的房子一模一樣，但是人在房子裡擺的東西不莊嚴、不好用，而且捨不得換。所以要慢慢把房子的垃圾清乾淨，把好的東西搬進來，也就是放下自己的執著，讓心清淨，並用清淨的心起作用，這就是學佛。

3 三皈依

三皈依是皈依佛、皈依法、皈依僧，在佛教裡受持三皈依是很平常的事情，沒有皈依代表沒有思想中心。人藉由法師、儀軌、佛像而受三皈依，皈依佛是皈依本師釋迦牟尼佛，皈依法是皈依三藏十二部經典，皈依僧是皈依傳授皈依的法師。

爲什麼要受持三皈依？皈依佛，佛是清淨心，一切現象從心生出。皈

依法，法是佛所說的經典，心有清淨的功能，可以說出這些清淨的法藏。眞正的法不是指三藏十二部經典，佛講的經典是在描述宇宙人生的眞理，所以眞理才是法。

生命源頭的心有它的性質和功能，心是空、無我，可以生一切法。心起什麼作用就有什麼因果，心有什麼念就有什麼緣起，心起作用時遍含、呈現十方法界，這些是心的功能。動物、人、天人、佛，都有如此功能的心，心的空性、涅槃性，心作用的軌則，也就是現象怎麼成形的軌則，沒有人例外，沒有一尊佛例外，心的性質和功能是眞正的法。

如果心是清淨，按照清淨心具有的功能和特質起無我的作用，達到無住，就是皈依僧，所以僧是指當下清淨的作用。僧是出家人，代表清淨、不染著，代表即做即了。心依據心的功能而呈現當下的現象，現象已經是因果宛然，不用再起念去攀緣、執著。

生命源頭的清淨心就是佛，心能夠呈現一切現象的功能、性質就稱爲法，不違背清淨心的性質、功能而起的清淨作用就稱爲僧。所以皈依三寶的重點在於認識生命的源頭，要改變現象必須知道現象的源頭，並且了解現象成形的軌則和性質。身體、財務、關係要變好，修行要進步，要去除貪嗔癡，要成就法身慧命，都必須先知道現象的源頭。就像人吃壞東西生病了，必須知道是什麼食物造成疾病，知道食物是如何透過器官和系統吸收而造成病相，才有辦法改變病相。

心起什麼作用就有相應的果報，心起惡念就有惡的因緣、惡的能量。人起念要笑就會笑，起念要哭就會哭，心起一個念頭，十方法界，過去、現在、未來，會相應於當前這個念的因緣而呈現，這就是心的運作軌則。了解這個道理才知道不好的事情來自心，由於心運作的軌則而形成現在的不好。要改變，必須心透過相同的運作軌則起不同的作用，例如起一個清淨的念，現象就轉變了。

一般人不了解皈依佛、皈依法、皈依僧的正確觀念，寄兩張照片，供養一個紅包，拿到皈依證，這就是一般人的皈依。一般的皈依和眞正的皈依有一段距離，但是受三皈依也有效果，不能說沒有。然而學佛的人應深入了解皈依佛、皈依法、皈依僧的眞正意義，認識到生命的源頭，並且認識到現象變化、成形的軌則。知道用什麼態度活在世間，思想、行爲不離開心，不離開心的軌則，才是眞正的皈依。

4 五戒

五戒就是不殺生、不偷盜、不邪淫、不妄語、不飲酒。孟子講：「見其生不忍見其死，聞其聲不忍食其肉，是以君子遠庖廚。」人面臨死亡會恐懼害怕，動物也如此，所以應將心比心。大乘經典講：「殺生斷慈悲種。」殺生跟慈悲不相應，所以不殺生。

不殺生也包括不殺自己，自殺不能解決問題。現在的問題沒有解決，就留到未來，佛法的觀念是現在就要解決，並且是從問題的源頭處理。心是源頭，十方法界一切有情衆生的差別，就是因爲用心不同而果報不同。會用心、能順著心本來的性德而起作用，就成聖賢。違背心的本性而起作用，就有苦、輪迴、煩惱和種種障礙。

再來是不偷盜，不告而取就是偷盜，就算只是偷一支筆、一根菜都不行。不偷盜，人就過得堂堂正正，心中沒有陰暗。一切是因果，別人因爲努力才有財富、健康，自己不夠努力才沒有，要反省檢討，人無法透過偷盜而得到美滿幸福。

再來是不邪淫，已結婚的人如果和自己太太或先生之外的人成立夫妻關係，就是邪淫。「百善孝爲先，萬惡淫爲首」，人邪淫，心就不正，貪念太重。如果邪淫，心就上下不定，腦筋糊塗，淫再來就是亂，「富貴不能淫」就是心不能因爲富貴而迷亂的意思。不僅不做邪淫的事，也不該看到別人美麗、英俊而起淫的念頭。

再來是不妄語、不綺語、不兩舌、不惡口，嘴巴講謊話、是非，對自己和別人都沒有好處。是說不是、不是說是，這些連有一點點都不行，一點點就是陰暗處，就是遮障，心就不光明。有些人會跟甲說乙的壞處，跟乙說甲的壞處，讓兩人反目成仇，佛弟子不能做這樣的事。也不能講讓人想入非非的話，以前黃庭堅年輕時喜歡寫豔詩，後來遇到禪師跟他講，你這樣的罪業很多，他馬上懺悔改過，從此不寫這樣的詩句，後來還悟道。

再來是不飲酒，有人會酒後亂性、借酒發瘋、酒後失言，有很多關於酒的壞處的成語。人喝酒，腦筋就糊塗，該講的不講，不該講的一直講，甚至行爲散亂闖禍，害自己也害別人。很多愛喝酒的人講，我能控制自己、我酒品很好。我只聽過九品往生，沒有聽過眞的酒品很好的。酒品再好還不如不喝，就像不必講「我能夠承擔很多業、我不怕苦」，那還不如不要造惡業、造苦的果報。

殺生、偷盜、邪淫、妄語、飲酒，都是現象。有這些現象代表心起偏差的作用，不能善用心。可以更深入講五戒的道理，心生一切法，一切法是由心生出的整體，是一合相，是整體就不能分割。不知道一合相的道理，起執著的念頭去排斥或喜歡存在的現象，就是分割自己心生出的世界，這樣的心外求法就是殺生，殺掉心的清淨。

心起作用不能安住，而取捨、愛憎自己心生出的法所相應的境界，心就迷惑，也是偷盜。取捨心生出的境界而養成習氣、執著，這樣的習氣和執著跟心所生的現象會淫亂人的心，所以不邪淫是叫人要安住在本性的清淨。

人有執著的時候，以爲自己講的是對，以爲自己聰明、有正義感、很精進用功，這些是依我執而生的迷惑，這樣自說自話就是妄語。人腦筋糊塗的時候不知道心外無法、法外無心的道理，就像喝了妄想的酒、執著的酒，對說不對、不對說對，不知道進退，就像人酒後亂性。

所以分割、取捨現象，就是殺生，就是偷盜，就是邪淫，就是妄語，就是飲酒。心清淨而用就有清淨的果報，心有我執、雜染、取捨、愛憎、隱藏、無明，就是沒有守好五戒。人會殺生、偷盜、邪淫、妄語或飲酒，是因爲迷惑掉本性，不知道心生一切法的道理，不知道心要清淨、安住，妄用心而導致錯誤的行爲。藉由改變外在的殺、盜、淫、妄、酒，慢慢明白自己的心是清淨、無我，練習起善念，練習心安住在清淨，從外在的五戒守到心的五戒。沒有守五戒就會錯用心，做錯誤的事。

5 了生死

了生死是把生死看破、放下，這是佛教的術語。經典講，「生」的眞正意義是無生，「死」的眞正意義是無死。要了生死，或是說要看破生死，必須了解生死的根本，也就是從自己的心講起。心是禪宗的主軸觀念，是修行佛法最重要的觀念，離開心，佛法不存在，人生不存在，現象不存在，道理不存在。

每個人都有的心是一切念的源頭，是一切現象的源頭，是整個宇宙的源頭。心起不同的作用就有不同的現象，心裡放什麼觀念知見，人就用這種觀念知見去做事，這是普遍共通的道理。過去、現在、未來都是心所生，要把心所生的過去、現在、未來提升，就必須找到心、認識心、實踐心本來的性德功能。

永嘉大師講：「遊江海，涉山川，尋師訪道爲參禪。」走過很多地方，就爲了找到師父，爲了參禪了生死。一個人的心清淨，找到自己生命的源頭，而且能夠依心存在的本質去生活、去體現出萬事萬物，這時候才有禪。簡單講，禪是生命存在的眞正狀態，認識自己的心就認識禪。心清淨，沒有煩惱、沒有我執，就沒有染污，就能依照心的清淨、無爲、覺性而起用，顯現出萬事萬物。

當心清淨，一切從清淨本心而有，此時行是禪、坐亦是禪。行住坐臥都是自己心呈現的作用、現象，行住坐臥都不離開自己心的清淨。心本來就可以起出無量無邊的作用現象，這是心本來有的功能，所以說心是生命的源頭，而且因爲人人都有心，所以說是本具心性或本性。

6 本性

「性」這個字左邊是心、右邊是生，所以性是生心動念的基礎。世間人生心動念都不離開善惡是非，就稱爲人性，天上的人生心動念的基礎則是定、善。魔有魔性，因爲其心念是嫉妒、排斥、名利、錯誤知見，或是心有種種不正的邪念黑暗，這樣的心念會障礙修行，讓人無法解脫成道。如果一個人有這些習慣，某種程度就是有魔性。天上的修羅也有修羅的性，修羅容易生氣、嫉妒，所以如果一個人經常生氣、嫉妒，就跟修羅道相應。

心起作用的方向就是生命發展的方向，也是輪迴的方向。天上的修羅很有福報，但是沒有天人的德行，雖然做很多善法有福報，但是因爲心中有諂曲、嗔心、嫉妒，所以投生爲天上的修羅。修羅道的男衆很醜，女衆則很美，但美貌中正氣不足，不像天人那麼端正。而天人的莊嚴又跟菩薩的莊嚴不同，沒有菩薩相的清淨、慈悲與智慧。因爲菩薩心無染，所以相無染，心有智慧、慈悲，就顯現出慈悲、智慧的相。

人有男衆、女衆，男性是因爲他有男衆的習性，女性是因爲她有女衆的習性。人性有善惡、是非、人我，魔性則是重名利、心術不正。有些人很清楚佛法的知見，也度衆，也有願心，但是爲名利所拘絆，眷屬欲很重，這樣的人如果福報大一點，所相應的就是天上的魔王，福報沒那麼大的就變成魔民。

俗話講：「江山易改，本性難移。」習氣是養成很久了，一想到、一作用，就是這個方向，就有這種因果，所以習性不容易變。一般人所說的天性、人性、男性、女性，都是本性所造作的，不同於生命眞正的源頭，也就是本性。眞正的本性是空、沒有形相，本性或稱佛性，起作用時會有不同的習慣作用方向，因爲僵化在習慣的作用方向而分成人的性質、魔的性質、修羅的性質，或是分有男性、女性。不管是哪一種習性，都是由於自己心起出的作用不同。

禪宗講「見性成佛」的「性」是指沒有形相的本性，一般的習性是被造成的，雖然因爲執著而不容易變，但這些習性仍然是會變化、生滅的。經典講：「有成皆歸壞，不滅爲眞空。」你心起一個善念，你就是善人，起一個惡念，你就是惡人。念頭生出來的地方就是生命的因，是這個地方造成生命的變化。有形有相的東西是多變，本性這個生命的第一因沒有形相，但是可以起一切作用，它是本來就有、不生不滅，是你生不出來也毀不掉的。

就佛法講，人不是有形有相的上帝所創造，人的長相、業報都是從沒有形相、無我、眞空的本具能力起出的作用。你說心性是同，但也是不同；你說它不同，但也是同。說同，是因爲每個人都有的本性是空、沒有形相、可以起種種作用，可以呈現種種因緣果報。說不同，是因爲每個人是依據自己的心性來，本性、佛性是不可見，它只是這樣存在。

7 識

心不清淨就沒有智慧，無法認識到主客是一體、不可分割，就有「我」及「我所見」，而此「我」對「我所見」的認識就是「識」。簡言之，「識」是一種因能所、對立而產生的主觀分別、認識、判斷。你的認識跟我的認識不同，每個人的認識不同、立足點不同，這種不稱爲智慧。智慧是在沒有分別中顯現眞正的分別，就像鏡子不分別鏡中像，但是顯現的鏡中像是最眞實的。

人的認識就像在已經很清楚顯現的鏡中像裡再加上自己的看法，鏡中像已經是最清淨、最眞實的面貌，人不能體會，又起念去分別、分割、認識所呈現的鏡像，就是所謂的「頭上安頭」。這樣的分別不是眞實，而且因時、因地、因衆生類不同，而有不同的認識，這就是「識」的作用。

如果人悟道破掉執著，就像鏡子很眞實地呈現出鏡中像，不再加以分別、認識和判斷，這樣的認識是最圓滿、最清楚，也就是「如是」，多一點不是、少一點不是，沒有一點扭曲，如禪宗祖師所說的「沒有委屈相」。

心這面鏡子已經呈現出如是相，一般衆生用識，頭上安頭地去認識、分別已呈現的如實相。用鏡子來比喻，凡夫衆生死掉後就像一片鏡子有灰塵，鏡子出現不同的攀緣相，因爲衆生還在不斷流轉、識別，還在不斷模糊起作用，就有不斷的現象。就像追逐自己的影子，影子變化後又有新的追逐，而沒完沒了。當成道證果時，念頭不見了、身體不見了，就像鏡子上的灰塵不見了，剩下一面乾淨的鏡子。心清淨、有覺，能夠如實呈現相，知道相的能力一直都在，不隨著人的出生、死亡而存在或消失。

8 道

道是心運作的軌則，就像一顆種子埋在土裡，有一種力量和運作的軌則讓這顆種子發芽成長，這軌則就是心本具的性德。心有其本具的功能跟性質，眞心是空、無我、無形相，當眞心起作用時，因爲是依據心起作用的原則而開出的方向，並且在眞空法界裡呈現出這個作用、方向，就像從無邊際的大地上開出一條道路。

從眞空無我的心起作用，不離開眞空無我，在虛空法界裡開出一條道路，這個道路就稱爲正道。一般人的心有執著、定義、煩惱、習慣，所以心起作用是透過執著，就像鏡子染了灰塵，照出的像就不眞實、扭曲。心不清淨，起的作用就是不同深淺和方向的染著作用，就不是正道，而是染污的道。心起不同的作用就有不同的能量，就有不同的世界，唯有當心有空、覺、明而起作用，大道、正道、佛道才能現前。

執著不同，道就不同。當心起一個惡念，心的染著是負面的染著。心的染著還分深淺，人如果依自己的執著起作用，而覺得某個東西好或不好、好吃或不好吃，這是用染著的心起的二元分別作用，但是這種染著比較輕。如果自己喜歡吃的東西被別人吃掉了，心起煩惱、嫉妒、排斥，這時心的染著就變深，能量變粗、變重，雖然是同一個人，但是心所開出的道就更差。如果還起嗔恨的念、殺念，心的染著更重，開出的道就是染污的惡道。

若已經在修行學佛，就要懺悔自己起的惡念：我怎麼貪吃呢？怎麼計較這些事情？起念懺悔、返觀、放下，這時候心仍是有染著，但是這種偏向善的染著就比較輕。打個比方，世間的惡像烏雲，烏雲會遮住太陽，世間的善就像白雲，白雲也會遮住太陽，只要是有我執，以自我爲圓心畫圓去定義外面的人時事地物，不管善惡都會障蔽光明。

佛法不是否定世間的善，而是說你認爲的善，別人未必認爲是善。例如東方的婦女生產完要坐月子，要吃麻油補身體，在西方生完小孩，醫護人員會給產婦喝冰水、吃冰淇淋，到底哪個才對？每個人都有同樣功能、性德的心，但是心的作用不一樣，人就生在不同的地方，就變成不同的人，就有不同的文化、不同的國家、不同的地理環境、不同的語言、不同的善惡觀念。

用功要知道事情的本末，文化、歷史、念頭、男衆或女衆的身體，都是心的作用。心作用改變了，念頭就改變，身體就改變，環境就改變。天人有天上的世界，人有人間的世界，地獄衆生有地獄的世界，空間是不同，差別在哪裡？心的作用不同。

9 覺

最近有個居士跟我講，他家裡的屋頂要找人來修，每修一次就要花一次錢，但是修一次只能維持兩年，兩年後必須再修一次。我就跟他講，屋頂有期限，人的壽命也有期限。人生就是現象的變化，念頭不斷過去，身體會滅掉，人在哪裡安身立命呢？有人會講，要在道上面安身立命。道是什麼？簡單講，道就是覺。

修習任何法門就像在大海裡漂浮，有可以抓住的東西才能救命，眞正能夠抓著救命的東西就是覺。有人講修行是要修般若，般若就是智慧，沒有覺就沒有般若，般若是覺的作用。佛、菩薩、聖賢，所有成道的人能夠

體現、掌握的就是覺。有人講修行是要成道，成道是一個形容詞，覺成就了就成道。有人講修行要離苦得樂，要離苦得樂就必須離開識，也就是離開妄分別、攀緣、能所，有覺才能離開識，才能離開二元對立的虛妄分別，進而達到一種絕對的實相境界。

有人講修行要發菩提心，菩提心就是智慧心。菩提心、道、般若，這些名詞的眞正內涵就是覺。佛、菩薩、聖賢成就的依據就是覺，在無量法界中隨處應化就是依覺而有、而示現。覺是決定凡聖的關鍵，心中沒有覺就是凡夫，心中有覺就是聖人。覺是入道、修行成就的唯一著力點，修任何法門如果覺不現前，就是識、分別、生死流轉。

覺的體性是空，當覺性現前時，人卻是可以體會到這個覺，可以安住在這個覺。這裡講的體會或安住不是二元的感受，是一種含攝並超越能所對立的實相境界。覺沒有形相，就像鏡子能夠現出鏡中像的能力是沒有形相，但是它可以現出無量無邊的相，這個能力是隨時都有。不迷惑於鏡中像才有覺，否則就變成識，修行的重點是讓心的本覺現前。

覺的體性是空、沒有形相，覺的體就稱為佛，覺的相就稱為法，覺的用就稱為僧。覺雖然是空寂，但是它寂而常照。寂而常照就是覺的相，就是法。依覺而起作用時，用沒有染著，照、用而無染就稱為僧。同樣的，道的體性是空、沒有形相，就是佛；道的相就是覺相，就是法；道的用是無染，就是僧。道、般若、菩提是形容詞，覺則是可以體會的，它是沒有形相但卻眞實存在的性德，是修行應該要掌握、契悟、安住，並且時刻體現的。

悟道就是破掉我執，不起能所、妄分別，讓鏡子呈現出如實的鏡中像，這時候道就現前、覺就現前。道會現前是因為覺已經現前，所以在悟道、修道、證道的過程裡面，一直存在、不斷地成長的就是覺。悟道後，從幾分鐘到幾小時，不斷地安住，覺不斷地增長，到最後覺時刻現前，已經不退、不離、不迷失，就是一種證道的境界。

10 菩提心

菩提心就是覺悟的心，心有覺，沒有能所、二元，就是菩提心。把自己和存在自己世界裡相關的所有事物一起提升，是自己應該承擔的事情，因爲生命的存在與其周圍的人事是不可分割的，提升生命的品質就是修菩薩行。能眞正修菩薩行的心就是菩提心，也就是自利利他的心。修菩薩行是要找到自己生命的源頭，提昇自己從生命源頭起清淨作用的能力，淨化心生出的自身與其當下所存在的人事等環境，使其更趨圓滿、和諧、統一。

在教下菩提心又分爲眞性菩提、實智菩提、方便菩提。人人皆有本心，本心本空，此本空就是眞性菩提。衆生迷惑於相，不能認取本心，執著自己心所起的作用，有能所、二元、相對，因爲取捨而輪轉。悟道的一刹那破掉我執、相對，這一刹那覺現前，禪宗講的覺就是教下的實智菩提，實在的智慧。依於覺、依於實智菩提起作用，提昇心所生出的現象作用，從空出假，轉識成智，起慈悲度衆，對境不迷，這樣而學習開方便的門，自利利他幫助有緣衆生，所成就的智慧就稱爲方便菩提。

覺現前就是實智菩提現前，就是菩提心現前，從此開始眞正修菩薩道，學一切法、破一切執、度一切衆生、開一切方便，就是學習方便菩提。一切法不離本心，過去、現在、未來，十方無量無邊的法界，所有現象、存在都是心所生。縱使悟道了覺現前，心的空、覺還不足以透徹明照十方法界。聖賢所能成就的位階，端視其所證空、覺、明的深廣而定，如《金剛經》所說：「一切賢聖皆以無爲法而有差別。」

悟道後的覺像五燭光的燈光，此時的心恰如以管窺天，還不足以明照整個空間，還未達到覺行圓滿。雖然悟道，但因爲心仍有障礙執著，還不足以覺照心生出、含攝的所有法，對境起用時仍會丟失所契悟的覺性，又會墮入凡夫能所二元的妄分別。因此悟道後必須成熟所契悟的覺，就要學一切法來破掉剩餘的執著，才能透徹明照心所生的萬法。五燭光的燈不足以明照整個空間，就要學一切法來讓亮度增強，讓自己更清楚空間裡的一景一物，這就是修方便菩提。

法身佛是本心的眞空性，也就是眞性菩提。悟道前只有識，也就是二元能所的妄分別；悟道，覺才會現前，此覺就是實智菩提。接著不斷破執著，增長覺性，當心的覺性能清淨、透徹、圓滿地明照心生出的一切法，此圓滿究竟覺便成就圓滿報身。此時法身佛成就、究竟空成就，報身佛成就、究竟覺成就，而心所生、所含攝的無量無邊現象作用就是千百億化身佛成就、究竟明成就。

從最初修行到成就清淨法身、圓滿報身、千百億化身，都不離開發菩提心，不離開覺悟自己的心，不離開成就圓滿自己心所生的一切法。《華嚴經》講：「不發菩提心，修諸善法，是爲魔業。」由此可見修行最要緊的事是發菩提心。

有學生問：「師父說實智菩提現前就開始修菩薩道，學一切法而破執著，那麼實智菩提是一種造作嗎？也是有生滅嗎？」

告訴各位，實智菩提是開悟後的覺，在修行來說，智慧有始無終，無明無始有終。智慧不是造作，智慧如鏡光，鏡光是本來就有，不是因爲把鏡子擦乾淨而有鏡光。方便而講因爲擦鏡子而鏡光生，其實鏡光是本具的，擦是一種手段。心有遮障、塵垢，用方便來去除心的塵垢，讓覺現前。

覺是本覺，不是外覺。因眼翳而生空中花，其實虛空中並沒有花，是因著境迷心而不覺。當眼睛的病好了，你不能說空中花不見了，因爲花是虛妄分別所生，不是實有。心病沒有了，現出本覺，不是執著滅掉而生出覺，本覺是本具的，著相才迷。所以實智菩提的覺本質上是不生滅的，更不是造作而有。

另外再補充一下，心中要多起善念、正念。如果很多不善、不正的念，人的精神不好，脾氣不好，容易增長負面人格。內心的陰暗能量多，將來在身心上就會生重病。修行是爲自己修，知道自己有煩惱、生死，知道自己有執著，知道自己不夠好，而努力提升就是修行。

勸人修行最重要的是勸發道心，勸發自利利他的心，也就是發菩提心。讓人提起道念，爲自己的法身慧命努力。修行不發菩提心，猶如耕田不下種。不能發起道念、解脫念、自利利他的念，修行就沒有主軸，不知道要修什麼、在修什麼，當然就不容易進步，更難以成就聖果。

11 習氣

習氣是人生命的氣息或味道，你的長相是你的習氣，你的個性是你的習氣，你的家庭狀態是你的習氣，你的人際關係是你的習氣，你的環境是你的習氣。你從出生到現在，你存在於任何一個時空的自己以及任何一種關係，都是你的習氣。習氣是人的思維傾向與所呈現的生命狀態，是這樣來看習氣的深、廣。

雖然人每一刻都在變化，細胞在重新整合，能量在變化，但是一個人的長相在不同時空裡看起來都差不多。身體、長相是心生出的作用，心生出的作用每一刻都不同，不同當中又非常類似，代表心起作用的方向很類似，這不是習氣是什麼？習氣是心活動的一種慣性作用，也可以說是生命呈現方向的一種慣性力。

你昨天跟今天看起來差不多，這就是習氣。心朝同一個方向起作用，但是你不知道你的心爲什麼這樣起。習氣不僅表現在心念上面，一個人的長相、穿著、人際關係，都是心的慣性作用所現。從你每天都呈現類似的環境、長相、心念、關係，就知道習氣之廣大超越人的想像。心沒有形相，心是眞空，但是心裡的習氣深淺不同，煩惱的深淺就不同。習氣重，心就不活潑柔軟，人生的困境逆緣就多。習氣淡薄，人就能隨遇而安，處處逢源，處處是轉機。

12 業和緣

業，是當下存在的生命現象，而讓存在的現象朝某個方向發展的力量就稱爲業力。就像橘子的種子會長出橘子，人的想法會長出人的樣子，這是一種業力，所以業力是呈現出生命現象的一種慣性力量。業力的另一個面相就是習氣，習慣就成爲自然，習慣就沒有反省檢討的空間，所以習慣就不覺。因爲習而有慣性就稱爲習慣，有慣性就很有力量。

緣，是存在現象彼此之間的關係性，也可以說是促成現象存在所需的條件。所有存在的現象就是業，包括念頭、感覺、情緒、身體、關係、環境，而導致或促成這一切人或事物如此存在的條件或因素就是緣。

什麼是攀緣？有種種存在的現象，爲什麼你會相應到、接觸到某個特殊現象呢？好比說有很多東西你不拿，卻偏偏要拿某個東西；那麼多人，你就覺得某個人不好看；那麼多道菜，你就覺得某道菜好吃；那麼多念，你卻要用某個念頭；那麼多情緒，你只生起某個情緒。這些就是相應，相應是有種力量推動，這種力量就是業力。

心不自覺地起某個方向的作用就是無明，而讓心不自覺地起某個方向的作用力量就稱爲業力，因業力所產生的對境生心就稱爲攀緣。換言之，當一個人迷惑於自己心當下所生的作用現象而起念分別，就稱爲攀緣。

現象之所以會改變、會有，是因爲心生出現象。心這麼生，所以它這麼有；心不這麼生，它就不這麼有。就像一個空的杯子，不倒果汁在杯子裡，它就沒有果汁，不倒水在杯子裡，它就沒有水。不了解一切相是心生，不能覺悟到自己的本心本性，而認爲所看到的人、現象是在自己之外的存在，有內外的分別就一定會攀緣。

無明一現前，就無法安住在「心生一切法、心沒有形相」的道理。什麼是安住？知道一切是自己心所生，自己的念頭、身體、關係和現象是一個整體，體認到生出一切萬法的這個頭，並且不離開，就稱爲安住。攀緣自心所生的現象跟作用就是迷失，認識不到生命的源頭，而分別此源頭所生出的現象。

現象的改變必須從源頭起變化，好比一個公司是老闆給員工薪水，員工之間談論想要多少薪水有用嗎？沒有用，要找老闆，由老闆來調薪。現象之所以會變，是因爲源頭這樣生、這樣變，所以心要能作主，因爲心是生命的源頭。心的作用就像員工，是被心所生。只跟員工商量卻忘掉老闆，再怎麼努力還是落空。要很清楚心的道理，而且要認識心、安住心，它才是眞正的自己。念頭、感覺、身體是這個眞正自己的短暫作用，執著作用沒有用，因爲它會變、不長久。

13 輪迴和解脫

輪迴就是指一個人不斷回到沒有處理好的問題上，再次去面對。輪迴也可說是在自己所造的困境中學習、成長、超越與提升，承擔自己所造的一切業，收穫自己所灑下種子的成熟果報，俗話講「受報應」。

為什麼說是學習？活在世間有苦、有煩惱，是自己要面對的，要從這些存在的現象去學習、成長。為什麼我會碰到這些苦，別人碰不到？這就是一般人所謂的功課，這是以學習的態度來看輪迴。為什麼說是受報？人承擔自己的心造出的業，你今天之所以會有如此的困境或順境，都是因為你這麼想，你就這麼做，就有這樣的果報，所以輪迴是心中的結沒有解開所造成。

人面臨的健康問題、家庭問題、人際關係問題、修行問題，種種問題可以說是提醒自己用功精進以求得解脫的動力。諸佛菩薩是以病苦為師，佛菩薩看到病苦，能提醒自己用功學習，知道病苦是由心中的煩惱、執著、人我、是非、障礙而造作出來的。病、苦是現象，從現象返觀自心，了解造成病、苦的原因在哪裡。

外在世界的不圓滿是內心的不圓滿所造，不放下心中的煩惱、思想不健康，外面就有煩惱、病痛來提醒你需要修正自己，是自己要學習的功課。如果學習的功課能過關，就是成長；沒有過關，問題就繼續來。當面對困境、病、苦時，如果無法看清楚這些現象的根源在於心結，不解開心結，就還帶著問題的根本，不斷重複問題、逆境、煩惱，有問題的現象就一直跟著你，這就是輪迴。

如何能破除輪迴呢？所有問題的根源在自己內心，人以爲自己的身體很眞實，以爲自己看到的房子、車子很眞實，但對於其他道的衆生而言，這些是虛幻的。人心裡的思維結構就決定他能夠投射出什麼樣頻率、組合，而看到相應的現象和問題，心就是這樣造出現象的。

整個虛空沒有一物，永嘉大師講：「了即業障本來空。」要是能夠了心清淨、了心本無我，一切現象是心所相應、所造、所呈現，能夠打破心中的思維結構，三千大千世界就是一個眞空世界、無我世界、清淨世界。所以心起作用不執著，就是解脫。但是一般人的心起作用之後，因爲不了解現象是心中的思維結構所相應的現象，而再執著自己心呈現的世界。

簡單講，人的心是空，但是人在自己心裡面造出妄想、執著的思維結構，讓心透過妄想執著，在虛空裡造出跟此思維結構完全相應的世界。所以你的意識結構如果不是這樣，就沒有你看到的世界。如果一個人的意識結構提升，就不會有人的世界。祖師講「遊戲人間」，心本來就可以起作用，心可以投射出人的世界，也可以投射出天人的世界、地獄的世界、鬼的世界、佛的世界、菩薩的世界，投射出來不執著，就是妙用，就是解脫。

要解決問題必須眞正放下內心的結垢，大部分人碰到困難不知道心要平靜、清淨，不知道要迴光返照而知道這是自己堅固妄想投射在虛空的現象。心中的堅固妄想讓人從虛空中看到跟堅固妄想相應的虛幻世界，由於相應，人就認爲它是眞實存在。你看到的椅子是虛幻，房子是虛幻，身體是虛幻，但因爲人的妄想執著堅固，而呈現看起來很堅固的椅子、很眞實的身體。像鬼道衆生看到的、聽到的頻率就跟人不一樣，人不能穿牆，對鬼道衆生而言並沒有牆這個東西，不是他能穿牆，而是頻道不相應。

修行就是要整理內心堅固的妄想執著，稱爲堅固妄想是因爲它很難化掉。人們有某程度類似的堅固思想，就會現出類似的世界。虛空畢竟是什麼都有、也什麼都沒有，心是活的，可以起作用，所以能把虛空捏成它想要的東西。經典講：「若能轉物，即同如來。」能把現象轉變，就是如來的境界。

本來三界就是眞空無物，心是眞空，所有的現象是心中虛幻的影子。但也是爲了破除衆生的執著而講虛幻，若從積極面來看，心什麼都能夠生，十方法界是心所生。心什麼都能夠有，但是心什麼都沒有，這就是最大的活潑、最大的解脫，也是最大的智慧、最大的作用。

一切唯心所現、唯識所變，識就是指自我執著的系統，是心裡堅固的思維結構。心能夠透過思維結構而呈現相應的世界，天人的頻率不相應於人的頻率，所以對天人而言，人的存在是另一度空間的生命現象，鬼道眾生也不相應於人存在的頻率。相應就有，不相應就看不到、不知道。心本來是眞空、無我、無相，所以解脫不是從別人的手上得到，是放下自己內心的堅固妄想、執著，心才能活潑，才能造自己想造，也能夠當下就放下。

有人問我：「師父，常聽說修行是要解脫、脫離輪迴，究竟怎樣才能解脫？」

其實，讓自己離開煩惱困境，或是讓生命更加提升超越，就是解脫。《華嚴經》講：「若人欲了知，三世一切佛，應觀法界性，一切唯心造。」法界是指所有的現象界，心有什麼作用，就有什麼現象，就呈現什麼環境、關係。《楞嚴經》講：「自心取自心，非幻成幻法。」人會依據自己心的習慣性結構，讓心生出當下的長相、環境、關係、人事。心生出的作用是一個整體，但是人因爲心的習慣傾向，就被自己心生出的整體現象某部分吸引，攀緣這個作用，讓心造出這個攀緣作用相應的現象，而讓自己的生命不斷地變化流轉。

這一刻的念生出來，會相應這一刻的現象。一般人的心會攀緣第一個念頭所相應的第一個現象而生出第二個念，第二個念生出的同時會有第二個現象，看到第二個念所相應的現象，人又會攀緣現象的某部分而起第三個念，第三個念一生出來，又會相應到第三個現象……。人不斷攀緣現象，又不斷有新的現象，這樣子不斷流轉，心是定不下來的。

因爲心中有已經成形、不易變的習氣觀念，就有不容易變的身體、環境、關係、人事，路就很明顯。雖然不容易變，但還是隨時在變化中。作用就像是心的影子，人攀緣自己的影子，但是這影子某種程度定型了，人不斷攀緣某種方向的現象，這就是輪迴的動力與方向。不能安住當下生命的現象，心有執著不能空，必然依所執著的方向而心外求法，無法安住、歸空，不能回歸源頭而不斷輪轉，就稱爲輪迴。

所有現象是心所生，當下生、當下滅，放下心中的執著判斷，心活在當下，不迎不拒就是解脫。心不能安時就會妄動而攀緣，心往哪個方向攀緣，人就往那個方向去，環境人事就應運而生。心是一切法的源頭，所以必須回到心這個源頭。知道心、安住心，讓心起不同的作用，就能主動改變自己生命的現象。

心是一切作用的源頭，心有無限的能量，心不能安住，就有無限的力量去攀緣。如果心攀緣，生命的自由度就減少。人不容易改變習氣，而且不斷依習氣運作而惡性循環。安住心才有辦法解脫，才能夠從心積極地創造。否則帶著執著境界的雜染心，想改變所處世界的困境，只是勞影捉形，不斷在一個僵化的模式裡，所能改變的非常有限，自由度不高。

14 開悟

開始經驗、體悉到自己本具的佛性，或稱本自具足的心，就是開悟。禪宗參禪首先要開悟，悟就是破除心外求法的執著，讓心安住在清淨覺性中，起清淨無住的作用，不迎拒心所生的現象。用功參話頭、持咒、觀想或念佛，用這些方法的目的是要找到自己的心。種種現象是心的作用，作用現象不離開心這個源頭，修行就是溯流而上，從心所起的作用現象而找到源頭。

悟道就是找到心，開悟這一剎那破掉見惑、我執，但還無法安住在無我的本性中，離證果、了生死還有一段很長的路要走。開悟算是對修行要走的路有一點認識，心本來是無我、空、覺、明，悟道的這一剎那有些許的空、覺、明，但是能安住下來才是有功夫。從初初開悟就要練習安住清淨覺性而繼續破執著，等到我執全部破掉，時刻都能安住清淨覺性時，才有辦法證到果位。經典講，證到初果羅漢，再輪迴天上和人間七次，就證四果阿羅漢，眞正了生死、離開輪迴。所以開悟後仍然要繼續用功，練習安住破執。

經典講「燃臂供佛」，用火燒手臂來供佛要很久時間，而用火燒身體來供佛的時間比較短。身體比兩隻手大，爲什麼反而比較快燒完呢？意思是見惑容易破，但思惑不容易破，也就是我執容易破，但習氣不容易轉。兩隻手代表心攀緣，代表心外求法的習氣，除習氣要很久的時間。悟道時雖然破掉我執，但是習氣還很深，安住在清淨覺性的定力不深，對境還是會迷失所悟到的覺。

悟道後還是有困境，碰到困境時能不能知道是心所生、所相應，這就是真功夫了。往往習氣現前時就不覺，忘失心生一切法的道理。從悟道破掉見惑後繼續用功，慢慢成初果羅漢、二果羅漢、三果羅漢、四果羅漢，到成菩薩、成佛，就是一層一層的自覺，到最後自覺達到圓滿，完全落實心是一切法、一切法是心，心的作用在哪裡，現象在那裡、法在那裡。

對四果羅漢而言，初果羅漢有不自覺，初果羅漢的絕對境界是四果羅漢的相對境界，看得還不夠廣、不夠深、不夠圓。四果羅漢的空、覺、明，沒有十地菩薩、等覺菩薩、妙覺菩薩看的遠，所以四果羅漢看到的絕對境界是菩薩的相對境界，菩薩的絕對境界是佛的相對境界。打個比方，證到初果羅漢就像五燭光，四果羅漢差不多像六十燭光，但還不是一百燭光，不同燭光所能照亮的範圍不同。

就像電燈的亮度愈高，能照的範圍愈大，所照的範圍就是覺他。自覺多少，覺他就多少，所以自覺不離覺他，覺他不離自覺。心從少許清淨，破掉更多染著，變成更多清淨。從凡夫開始修行，就不離開「心生出一切現象」的心法。眞正成道證果的人就沒有對立，是一個絕對的境界，一切法如是。

有弟子問：「師父說修行不離開『心生出一切現象』的心法，心是如何生出現象的？」

我回答他：「你現在正在問的心念在前一秒並沒有，但是當你的心一起念時，不就剎那有念、有問的問題，也同時產生身體的變化，並且跟身體相關的一切環境事物都發生了，這就是剎那生出山河大地的道理。」

心如虛空廣大，是生命最原始的頭。人會懷疑，爲什麼剎那間就生出山河大地呢？心是眞空、沒有形相，人透過自己的堅固妄想起作用，一剎那就現出跟自己堅固妄想相應的世界。山河大地是剎那間有、剎那間滅，但因爲人有執著，就認爲這些是實實在在有，不曉得是心生而有。

心像一個厲害的魔術師，一變有、就有，一變沒有、就沒有了。心是清淨、空，心周遍整個法界，這麼廣大的心透過自己的堅固妄想一起作用，世界就成立了。像你對人對事生氣，你這一剎那間相應到生氣的念，就有生氣的身體、生氣的環境、生氣的人事。相應這一剎那就有，不相應就沒有。如果心很清淨、寧靜、無我，心很活潑，隨時可以起作用，作用的當下就放下、解脫。

一般人或許能想像自己的念頭、施爲動作是自己心所生，但是無法想像自己的心可以生出日月星辰、高山深谷。心本來是空，一旦起出執著的作用、認識的作用，就有跟自己的認識系統所相應的世界出現。因爲心沒有邊際，所現的東西就沒有邊際。知道如何用這個心，心就是活的，三千大千世界就隨你示現。

菩薩、佛是不來不去，心要生什麼就有什麼，不是菩薩到地獄，是菩薩心現出與地獄相應就出現在地獄。人認爲心所生的世界是堅固的、是有的，所以有空間、時間，就有來來去去。爲什麼講一幻一切幻、一眞一切眞？心起什麼作用，就是什麼世界，所以心眞實能生一切法，如實的有一切法，一切是眞。心無我、心本空，無法可得，所以一切法如幻。

一般人很難想像「攪長河爲酥酪」，意思是人可以翻遍三千大千世界，可以把整個宇宙剎那間改換。這是心法的道理，心有無限的能力，心一起作用，現象就呈現，心起不同的作用，就有不同的現象呈現，這就是改換世界。但是要達到這個境界，必須認識到現象是心所生、所相應，要練習放下對現象的執著。把心中對現象錯誤認識的我執結構打開，就能活潑自由，這個時候要生什麼就有什麼，就是神通變化。神通變化不是修來的，是心本具的。

用功卻不認識心法，縱使修三大阿僧祇劫也很難有所成就，始終在內心執著所相應的虛幻世界裡做苦工。爲什麼開悟很重要？因爲要體會生命源頭的清淨、無我、能生一切法，才能練習作主。要轉換生命的作用、現象，讓生命的活潑度提升，不從生命的源頭下手是沒有機會。人若不知道一切是自己心所變現，不解開心中的結，就會造出同樣的困境，在困境裡動彈不得。要眞正改變必須了解這個道理，眞正從內心放下執著習氣。

15 一門深入

用方便法門專注於破除心中的執著妄想，就是一門深入。一切法從心而生、而有、而呈現，佛法是法，基督教的法也是法，天主教的法也是法，回教的法也是法，世間的吃喝拉撒睡都是法。法不離心，法一定從心而來，唯一的門就是心門。所以學習一種宗教、宗派要深入到心，從心所生的現象作用，了解心的源頭在哪裡，這叫一門深入。既然一切法從心而有，若不深入到心，卻深入到心生出的作用，就不叫深入了。

深入禪宗、深入淨土，或是深入基督教、天主教、回教，都不是一門深入。一切現象、作用，喜怒哀樂，現在、過去、未來，都從心生。為了從作用迴光返照、找到作用的源頭而學宗教、宗派。宗教、宗派是工具途徑，要從這些工具途徑去了解生命源頭在哪裡。

沒有回到清淨心而講一門深入，這個門絕對是錯的。心無相、無我，本來具足一切，心起作用的能力隨時都在，所以心可以起無量無邊的作用。所有作用不離開心，離開心就沒有作用。如果不找到心這個生命源頭，鑽研各種宗教、宗派，就不算一門深入。回到清淨心之後才知道，各種宗教、宗派都是心生出的作用，要融通不同教派，必須從心融通，因爲心遍含一切法。若只從表面上去比較教派、揉合教法，不從其根本去了解異同，就會變成四不像。

很多人聽我講「普世的道理」，就想：佛教是理論，有種種儀軌、形式，所以佛教不是一種普世的眞理。這樣講也對，但也錯，好比說一個人不清楚自己的心，心裡有很多執著、妄想，想要認識普世的眞理，想要融通各種宗教、宗派，就說要放下種種儀軌、形式、名相，就像把所有菜放到一個鍋子裡面煮爛，分不出哪一個味道是眞，這樣所認識的不叫做普世眞理，叫做大雜燴。

心不清淨、不清楚，心有執著而偏狹，這樣的心本身就是糊塗、五味雜陳，如何能用這樣的執著心去融通呢？要融通必須先認識自己的心，你可以不用「心」這個詞，例如你可以講佛是生命的源頭。眞正回到心、認清楚心，你可以用禪宗的語言講，也可以用淨土宗、律宗或密宗的語言講，你也可以用天主教、回教、基督教或儒家的語言去講述心性的道理，因爲已經通達了。還沒有通達就必須從頭學起，必須先一門深入，就是用一種工具途徑回到心。從心生出的作用回到心、安住於心，所講的道理就會相通。

古人講「文以載道」，文章或語言是用來傳達道理或意思的，名詞不一樣不代表道理不一樣，名詞一樣也不表示道理一樣。有人講，佛教很多儀軌、經典，他要直接跳過不學，可不可以？如果有足夠的智慧、能力，當然是可以，像六祖惠能大師不認識字，近代廣欽老和尚不認識字也可以成道，他們有其因緣。但是像清涼澄觀國師是華嚴宗的四祖，他不僅學佛成道，還通達畫符咒、孔孟之學，什麼都會，著述很多。心清淨、清楚，加上博學多聞，就能夠廣開方便。每個祖師在歷史上扮演的角色不一樣，發心願力不一樣，各有所長，但都是長久的薰修。沒有天生的彌勒菩薩，沒有自然的釋迦牟尼佛，都是努力修來的。

有弟子問：「不同的人是否就依其擅長的法門修行，來達到一門深入？」

我必須說：「是，但也不一定是。」如果你用所擅長的法門來破除執著，而且能讓心歸空，那就是；如果你執著在法門上，不朝破除執著去努力，那就不是。未到清淨心，就一定不是；到了以後，是也是，不是也是，不得不是，這才是眞實。心不清淨就無法破除對宗派、儀軌的執著，所以心未清淨時，儀軌是生滅，不要儀軌也是生滅，講普世眞理是生滅，講宗派道理也是生滅。

修行不是靠兩片嘴皮，不是靠自己想一想就了事。有人講名相不重要，說不重要也眞的不那麼重要，因爲它是一種語言，但是要說很重要也是很重要，因爲自己還不懂，如果沒有一個名詞來形容心，來形容心的清淨作用、染著作用，就無法溝通、了解。所以雖然名相是虛幻，但是不得不有。

你現在投生在人道，如果沒有人的相、人的語言，你怎麼學習？你不能說我不當人，你已經是人了。不學習這些經典，你如何成佛、成道？你現在就在這裡，不以此爲階梯，你能到哪裡去？你不得不藉著現在的樣子去學習，沒有第二條路。

修行難，自覺難，所以往往忘記自己該做什麼，容易好高騖遠。很多人講我要成佛、成道，不要再回來世間受苦，要學普世眞理。請問你從何而學？人的業未了，空性如何現前？空不能現，菩提自性不能現，如何眞正了解普世眞理？古人講「梯航」，沒有梯子，怎麼能看得遠呢？沒有船，怎麼能夠航海？梯航的意思就是藉方便修行，就像一個人還未渡河，不能說槳不重要、船不重要，這些是你渡過河前的救命工具，要清楚這個觀念。

16 同參

大衆朝同一個目標，從各個不同方向努力達成，就是同參。用白話講，同參就是大家共同來參究。參是參商的參，用閩南話講，參商就是商量的意思。天上有一顆星叫做參星，還有一顆星叫做商星。古云：「參商二星，其出沒不相見；牛女兩宿，惟七夕一相逢。」由於參星和商星此起彼落，永不相見，要讓它們聚在一起必須很努力，所以參商就是將兩個極端不同的觀念放在一起研究。

雖然是爲達成同一目標，但是你有你的觀念，我有我的觀念，他有他的觀念，把大家的想法放在一起研究，互相針砭、糾正彼此錯誤的觀念，找出一個不偏離中道的方法或觀念，依此努力而一起到達目標，同參就有

這樣的味道。在同參兩個字後面常會再加上道友兩個字，即是所謂的「同參道友」。爲了成道而成爲朋友，並彼此勉勵警醒，努力用功成就道果。

每個人都有自己的想法，想法不同，行爲就不同，世界就不同，但是不管什麼想法都不離開自己的心。好比大家都離開家，現在要從不同方向、觀念、知見，回到心性的家。每個人本具心性的功能特質是一樣，所以每個人要回的家是同一種家、同一種方向與目標，於是一同參究家是什麼、家在哪裡，再研究怎麼回到家。在禪宗叢林道場裡大眾共修，共同參究找到自己本具的心性，以悟心爲目標，每個人從不同的因緣、不同的業、不同的觀念，回到共通的家，回到空、覺、明的心性，這就是同參的眞義。

17 寺廟執事名稱

寺廟裡有很多名稱，我來作一番解釋。

「常住」是一直住在這裡的意思，法師住在寺廟用功修行叫常住法師，居士住在寺廟用功修行叫常住居士。常住是取名於每個人不生滅的心經常都在的意思，覺性常住、空性常住、心性常住。在寺廟裡常住的法師或居士，食衣住行都不離開寺廟這個常住，也就是都不離開自己本具的心性。

寺廟是硬體的常住所在，但意思是藉著在寺廟用功、薰修，除了以日常定課、禪修來參究本性外，更從食衣住行中體悟、參究或安住自己的本性。在寺廟裡藉由常住設施安住自己的心，體悟自己不生滅的常住本性，取名常住就是這個意思。

而「住持」又是什麼意思?住是安住，持是任持，住持的意思就是心性本來是常住，每個人本具的心是不生滅的，它永遠在。這種存在不是世間看到、聽到、感覺到的存在，心的存在是沒有形相的存在，是性德的存在。本性是空，能起一切用為德，就稱為性德，用現代話講性德就是功能、性質的意思。心是空，能起一切用、造一切相、現一切相，一切相都在心中，心有這種功能，所以道家講「大德曰生」。

「住」是找到一個安住的地方，「持」是引導、任持，俗話講持一個家不容易，也就是自己要安住於家，更要妥當照顧家中的一切人事。住持是常住的一份子，除了自己要安住在常住的自性中，更要讓寺廟的人各守其職、各用其功，寺廟的事各安其分，這就是住持的意思。

寺廟有「維那」，也就是敲大磬或領眾唱誦的人。維那在禪堂裡負責管規矩，在禪堂裡面什麼時候站，什麼時候坐，什麼時候休息，都有一定的時間和動作，管這些規矩的人稱為維那。「維」有多度空間的意思，也有維持的意思，「那」就是那樣、如此、如是的意思。維護、維持每個當下的因緣，使得事情按照其應該呈現的狀態而呈現，不紊不亂，讓人的心按照規矩、按照一定的方向去呈現、去體悟，就是維那的意思。究竟來講，維那是指一切法是心所生，心維持一切現象，一切法不離心，一切法都如是呈現，不多不少，一切如因緣、一切如空，不迎不拒，所以維那的取名還是因於本具的心。所以寺廟裡每個職司的稱謂，都是基於人本具心性的功能性德而命名。

【第二部】

斷衆疑

18 處眾

有弟子問：「在寺廟裡修行，如何與衆人相處？」

我說，第一個要練習入衆，就是入到一個團體的意思，入到善念中，入到心法中。再來是隨衆，就是隨順因緣，隨道場的規矩或戒律來收斂習氣惡念，練習讓心清淨。隨衆不是把自己當做呆子，人家講什麼就聽什麼，那就變成是非不分了。在一個團體裡面練習安住不打妄想，放下世間少人群居的觀念，放下個人平日的習慣分別，心很清楚明白，盡量持平。行持以善法、智慧法、解脫法、慈悲法爲準則，一切以法爲依靠，不以人爲依靠，以人爲依靠必墮入是非，以法爲依靠就能破除執著而提升。

隨衆之後是無衆，在衆如無衆，意思是心已經不對外攀緣。雖然在團體裡，卻好像沒有在團體，因爲這時心已經包含整個團體，整個團體就是自己，沒有其他人。心不再攀緣，因爲知道一切是心所含攝而能安住。

再來是出衆，一般會講人才出衆、長相出衆，鶴立雞群，在禪宗講就是「出格」，已經突破執著障礙，悟了道就出格。一個人有他的格局，格局是從僵化的心而來，所以人有人格、性格，乃至於算命有命格。人看事情有自己的想法，這種不容易變的看法、定義就是格，格就是人被框在裡面的意思。如果你的心經常朝某些特定方向起作用，不容易離開這些方向，你的格就定在這裡，禪宗講「出格」就是不被自己心的執著所框住、限制住。

俗話講「性格決定命運」，性格不變，命運就不變。但是性格也不容易變，江山易改，本性難移。性格或是俗稱「本性難移」的「本性」都是心所生所造的，不是禪宗講的本心本性。性格或本性雖然難移，但是還是可以移。悟道就破除自己的執著，也就是破除自己的定義，破掉人格的限制，看到造成性格、人格、命格的生命源頭。生命源頭就是心，心是清淨、無我、空、覺、明，它不是格，也不能被格所限，這樣就是出格。出格就能自由，生命才能廣，心胸才會大。

出眾之後才能領眾，用世間觀念來看，一個人如果各方面都普通，用什麼領導大眾？以前的帝王或將軍有許多隨從鞍前馬後的，這些人跟著領頭的學。寺廟的住持也好，法師也好，要經常反省檢討，大家要跟我學什麼？修行人以智慧、定力、戒行、辯才、神通，以自己種種的功德力、慈悲力，不離開法而領眾。

不但能領眾，還要能夠安眾。在寺廟裡領眾修行，不但自己要能夠安身安心，還要能讓大眾一起安住身心，好好用功而進趨道業。不管是貧賤、富貴、窮夭、壽通，或是根器好壞，人人都能安住在道場裡面用功。安眾就是能對團隊裡的人因材施教，讓每個人安住在自己的本分事上面，依自己所在的位置而不斷提升進步，朝著更圓滿的方向走。不管是在寺廟、在公司、在家庭或是在社會，能讓人人各安其分、各盡其職，就是安衆。安衆之後才能夠圓衆，讓每個人在穩定中求發展，智慧福德慢慢成熟，這就是圓衆。

在個人修行來講，入衆是放下惡念、煩惱念，不要讓這些念太突出。把持心法的要義，沒有心外的念，沒有心外的情緒，這樣慢慢練習作主，像一家之主可以決定家裡的東西怎麼擺。能返觀自省，練習契入心法，就是入衆。每一個念頭要生就生，不要生就不生。再來的隨衆就是接受當下的因緣，心安住不起煩惱、不打妄想，現在是什麼因緣就做什麼因緣的事情。至於無衆就是用各種方法用功，慢慢破掉執著，心達到無念。

所以入衆是把念頭安住，練習作主，隨衆是心保持平靜不煩惱。用各種法門讓心平靜而斷掉攀緣心，呈現出心的真空就是無衆。剛開始入衆、隨衆時還有衆，還有能所、內外，無衆則是知道一切是自己心所呈現，心是什麼，現象就是什麼，沒有心外之法，一合相現前。

雖然心是空，還是要起用。心起不同的念就有不同的現象，出衆是從眞空起出積極的作用，因爲是從眞空起的作用，作用是清淨不染著，有無上的功德，慢慢成就自己的功德、智慧。等因緣到了就可以領衆，心生出能夠引導人如法修行的作用，引導學人悟道、成道，因爲有足夠的心量，看得深、廣。

領衆後還是要學習方便智、後得智，意思就是讓心起作用達到圓滿，也就是修菩薩行，破塵沙惑、破無明惑。依據心的清淨而破除心的餘障，學一切方便，起不同的作用，度不同的衆生，而且心都安住在空。心中的每個念就是自己法界的衆生，讓衆生都能夠安住就是安衆。持續安住，最後達到圓滿，就是圓衆。

19 心與現象

有弟子問道：「一切現象是心所生，如果心不起作用，現象會改變嗎？例如我的心不起作用，我窗外的樹會不會繼續長？」

我說，如果你的心不起作用，你連這個問題都想不到，也不會問這個問題。心不起作用就沒有所謂外面的樹，沒有心之外的樹。樹長不長就像人長不長，人長大變化是心所生的不同作用，人用自己的習氣執著把這些作用的變化連接起來而稱爲生長。沒有心，一定視而不見、聽而不聞，連木頭都不是。

心就像投影機，心中的想法結構就像是投影片，而人所處的山河大地、宇宙星辰、人物事件都是投影出來的像。心是本有的，心中的思想結構是心所生的，是心所生的相。沒有心則一切宇宙、山河、人事都不存在，好比沒有投影機、沒有投影片，會有投影出的像嗎？會有投影像裡的存在關係嗎？所以心是現象的源頭，而現象就是心的作用及其作用出來的結果。

20 虛幻與眞實

弟子問：「如果說現象是虛幻的，爲什麼在我看來卻很眞實？」

心像是一個偉大的魔術師，偉大魔術師會讓你覺得一切是合情合理，一切是剛剛好、很完美。但是心會欺騙人，要知道一個原則：心裡面有什麼，外面就有什麼。以前禪師講：「退步原來是向前」，要把事情看清楚，退一步再看、退一步再看，退到底了，就是退到無我、無人、無衆生，色身沒有了，宇宙天地也沒有了，就只有空、覺、明。這時候無關於色身，色身也不離其中，其中也不離色身，退到底才顯現出眞。就像從投影出來的像找到像從何而來，一步步往源頭找，自然會水落石出。

人活在自己心的投影境裡，只認得境，境包括身體、環境、相關的人事……，一切都是投影像、投影境。如果能認識到這一層道理，往內心返觀去找到相的源頭，就知道心本具的性德是唯一眞實的。一切相、一切事物，過去、現在、未來，宇宙山河，都是短暫而虛幻，森羅萬象都是心的作用相，是心的影子。

就像小孩子覺得玩具車子是眞，辦家家酒也當眞，一般人覺得自己看到的一切是眞，所有現象、煩惱是眞。修行以後知道要收斂，知道一切現象是因緣和合，不是本來就在，持續修行後心慢慢清淨，就容易放下現象。如果跟祖師一樣證道了，證到一個果位，看事情就更眞。但是初果羅漢所看到的眞，跟二果、三果、四果羅漢所看到的眞，乃至於跟菩薩、佛所看到的眞，是不一樣的。這其中的差別有很多道理、很多因果的業力在裡面，必須一步一步退才能眞正知道。不往後看，人只能看到目前，所以修行要不斷地退。

21 時間感的變化

「在人生不同階段裡，對時間會有不同的感覺，像我現在常常覺得時間很快就過了，爲什麼會如此？」有位中年男士問我。

一般人在小時候會覺得時間過很慢，像小孩子很喜歡過年，覺得怎麼一年三百六十五天那麼久啊？但是年齡愈大，人就覺得一年過得比一年快。爲什麼感受不一樣呢？小孩子、年輕人都持續在學習中，每一天、每一個念頭都很新鮮，不斷在嘗試、成長，所以心比較活潑，朝多樣化發展。等到人年齡大了，學習停頓，心也僵化了。由於心僵化，能量流動、觀念都趨於僵化，經常做類似的事情，時間過了卻沒什麼新的成績，就感覺日子過得很快。俗話講「馬齒徒增」，一年又過去了，去年如此，今年也是如此，來年也差不多如此，沒有太多的變化。所以有必要活到老、學到老，修行人尤其要了解時間過很快，驅使自己用功精進。古德云：「我見他人死，我心熱如火，不是熱他人，看看臨到我。」修行是跟無常殺鬼競賽，看誰先到終點。

22 修行人看死亡

「世人大都怕死，修行之後是否就能不怕死？」

這是我常被問到的問題。我常跟學生講，人要擔心的不是自己會死掉，每個人本具的心永遠都在、不會死，心永遠可以起作用，會用心才有涅槃、極樂、圓滿。人若不會用心，就會起錯誤的作用而有無窮盡的苦要吃，有無窮盡的生死輪迴要承擔。不斷經歷無窮盡的苦，才是世上最讓人害怕的事。死而復生，生而復死，誰人不是？既是必經之路，何足懼哉？

禪宗強調要開悟，要找到自己的本性，因爲要掌握自己的心，讓自己成爲自己生命的造物主，才能清楚知道自己造什麼業。心不能作主，造業就不能作主。衆生的心作不了主，糊里糊塗亂造，看到討厭的人、事，就造一個惡業。一般人從早到晚起無數的念頭，能夠察覺的念頭很少，能夠作主的是更少。

人的個性、想法、身體、家庭環境等，都是多變的，但是心的本質是不可違逆、不可變異、沒有例外的。心本具的性質是寂滅涅槃、空有一如，心可以起作用，心的這些性德不會變，就是如此的存在，人就必須跟它生活在一起，必須練習如何運用它才不會迷惑。依心的本質去生活、去創造、去呈現好的存在現象，才不會有苦、生滅和輪迴，人生才能夠眞正如自己的意。

宇宙萬事萬物都是依據生命源頭呈現現象的理則而呈現的，所以人必須依據這樣的理則而生活，順心性之道而生，這樣才能當天地的主人，當自己宇宙的主人，才是眞正的順天地之道而生。

23 放不下的執著

執著是一種習慣，就像喜歡吃某種東西是一種習慣。「苦、集、滅、道」的「集」就是集合，你天天想，一個念頭又一個念頭想，不斷集合類似念頭的力量，就是不斷催眠自己，養成習慣。你想一次、做一次，就有一個經驗，經驗又會變成想法的一部分，想法又加深行爲的力量，不斷惡性循環，所以要化掉集。就像強盜集合在賊窟，一個強盜、兩個強盜……，強盜的力量大了就足以亂國。一個人習氣重，心就作不了主。所以修行的重點在於斷除習氣，把強盜趕走。

過去已經過去，再執著它，它還是過去了。但是不是叫自己不執著它就能夠過去，眞能做到不執著才是過去，才會放下。如果過去沒有過去，就還是現在，因爲你還在執著。所以重點不是告訴自己「不要執著」，不執著是要做到的，要能夠不執著必須有方法。修行講再高的理，還是要回到實踐，在生活中一點一滴放下執著。沒有具體的實踐，一切都落空。

靜坐時起的妄想是習氣的念頭，是集的具體呈現。要把習氣、執著轉掉，就要培養正確的人生觀，要知因識果。可藉由靜坐培養自己的定力，觀念對、有定力，就能降伏煩惱執著。例如你習慣吃某個東西，但這個東西不好，當你想吃它的時候，告訴自己這是妄想，我要練習做主，不被習氣吞沒。平常有靜坐攝心，這樣做才有用，否則就算告訴自己這是假的，想轉習氣、想作主，還是做不到。靜當中養成，動當中磨練，沒有在安靜的環境裡用功來培養定力以及薰修正確的知見，很難在日常生活中磨練而有成效，這樣談放下便是空論。

你現在想過去的事，它就不是過去，你的心現在相應到它，它就在。心要能不相應它，必須有能力。先知道無常，知道過去因、現在果，現在因、未來果，心怎麼想就會有什麼因果。人如果能知因識果，天下就太平，因爲知道自己必須承擔自己造的業，就不敢造惡業。知道因果的觀念後，還要從因果的觀念提升。人生不是「我想要幸福、我不想要痛苦」這麼簡單，重點在於你有沒有能力提升。

如果有能力，想要，就要得到；想放，就放得下。如果沒有能力，要不到也放不下。這個能力是鍛鍊而來，眞正修行是從心去轉化集，也就是轉化習氣，起念要能作主，不對的念頭就要放下。問自己：我有沒有做到佛教導我們該做的？有沒有守三皈依、五戒？有沒有靜坐、讀經？這些沒有做，當然無法解決問題。

人不斷用心起一個又一個的念頭，念頭作不了主，人生就作不了主。修行不是嘴巴講講，念頭錯誤了，要馬上轉過來，否則人生的錯誤就像滾雪球，愈滾愈大。現在就必須當機立斷，用眞理看事情，也就是用無常、緣起、因果、心性去看。再來要多靜坐，靜坐可以讓心穩定，不隨著因爲習氣、執著、無明而起的念頭跑掉，就能慢慢斷集。不在方法上用功，妄念起來就是在滾雪球。這個時候回到方法上，不理妄念，雪球就停住，所以靜坐是降伏習氣的好方法。

古人講：「不怕念起，只怕覺遲。」念頭起來，對的就繼續用，不對的就放下。古人講：「修行須是鐵漢，著手心頭便判，直取無上菩提，一切是非莫管。」修行必須有魄力，能立刻覺察就能斷集。靜坐時念頭起來不知道，還繼續打妄想，就是滾雪球。告訴自己：所有念頭、感覺是自己生的，我是自己念頭、感覺的主人。一個人如果經常不得不這樣想、不得不這樣看，就變成念頭的奴隸，就作不了主，這樣的生命是反客為主的、顛倒的。

24 解冤釋結

有位先生苦惱地問我：「我的公司、家裡的人事都有一些糾結，但是聽師父的課後，有些糾結就解開了，但是還有一些糾結，如何才能一直把糾結化掉？」

這就像打毛線衣的毛線纏在一起，解了一些還有一些，那就繼續解。心愈平靜，錯誤的事情就愈少，人生就愈順遂。心愈不平靜，雜事、錯事就愈多，心愈煩惱、心量愈小，愈會計較，人生就愈波折。

既然聽師父的開示可以幫助解開一些糾結，就再慢慢思維師父講的道理，再繼續解。病有重有輕，輕的病容易好，重的病不容易好，但還是可以慢慢調理身體，慢慢修正而得癒。心中的問題放愈久愈不好，酒是愈陳愈香，但是問題執著糾結在心裡面，愈放是愈臭，就愈難解。所以心先平靜、寧靜，自己該做的有沒有做？要改變事情，自己要先變。你遇到的人事是因你而有，你如果不變，人跟事就不會變，因爲你是主人、是源頭。

25 開放的態度

「人投生在世上有自己的功課，我對周圍的朋友都保持開放接受的態度，這樣是不是很危險？」一位年輕男子如此問。

我回答他：世間有選擇能力的人不多，當念頭起來時，你能察覺到嗎？你有沒有選擇能力？人察覺不到大部分的念頭，縱使察覺得到，也因爲習氣而作不了主，所以你沒有選擇能力，一定只會這麼想。你生氣的時候無法選擇不生氣，由此可知現實人生有很多事作不了主。當事情變成不得不如此、也只能如此時，就是人生會面臨的問題。

當然我們對周圍的人要慈悲、接受，不過還是要告訴他宇宙人生的道理。心提升了，人生就提升。講起來很簡單：人生有很多的功課和選擇，我們要接受這些功課和選擇。但是人生遠比這樣的說法還複雜，眞正碰到問題時，可能不是選擇的問題而已。例如某個人得癌症，這不是「他選擇癌症」這樣的問題。人之所以如此，是自己的心作用出來、相應出來的，所以必須練習讓心作主，讓心起作用的自由度高一點，內省覺察心結，才能化掉問題。

26 專注愛

「如果一個人很愛生氣，叫他專注在愛，是否可以改變他愛生氣的毛病呢？」一位女士問道。

很多人學心靈成長的知見，就會認爲專注在愛，多起正面的能量，就容易轉掉習氣，人就能夠轉變。聽起來好像有道理，事實上是做不到。人的思想、環境、行爲、習慣是不容易改變的。一個容易生氣的人，你叫他專注在愛，他不會因此改變，因爲他的思想、環境是一樣的。會生氣是因爲有生氣的心理環境，用生氣的心理環境去愛，所愛出來的就是一種煩惱的愛。

要能轉掉生氣的習慣，先轉化、提昇思想環境才有可能。思想環境不好，念頭在這樣的思想環境裡動彈不得，就像大便裡的蟲四周的味道都是臭的，它不可能變香。教人由生氣的習慣而專注在愛，好比一個人穿了一件髒臭的衣服走進有香在薰的禪堂，不脫掉身上的髒臭衣服，能夠改變多少？

解決問題必須超越、提升，就像站在二樓東看西看，所看到的風景差異不大，上到第三層、第四層，看到的風景就不同。要進步就要改變思維環境，經常生氣的人，心裡就有生氣的思維環境，經常煩惱的人，心裡就有煩惱的思維環境。這樣的思維環境力量很大，所以人生的問題不是討論或講好聽話就可以解決。

所有問題來自於自己，心裡有什麼，現象就有什麼，這就是心法。心裡有笑的念頭，就有笑的表情，相由心生，就是心法；一個人心僵化就我行我素，心裡都是煩惱、計較，長相就不好看，人際關係就不好，這就是心法；心寧靜的人，做事就井然有序，就是心法。心法隨時在，念頭、穿著、長相、動作、表達，都是心的作用，這些就是心法，但眾人日用而不知。

現象是心的表現，佛的心清淨，有智慧、慈悲，展現的就是淨土，相很莊嚴。心生種種法生，每一刻都有心法的事實，人不知道自己心裡有什麼執著，但是現象就說明自己心裡有什麼。看不到自己的念頭，難道連自己的長相、人際關係都看不到？連自己周遭是整齊或髒亂都看不到？

十方法界不同眾生現不同的相，就說明心的作用不同。每個念頭都由心而來，心法無處不在，因爲心都在。修行本來就是平常事，修行是由心作用出的現象找到心，從現象的不圓滿了解自己心裡的思維環境不圓滿。一方面從外在改習氣，一方面觀心返照自己念頭的習慣性，慢慢轉換心的作用，讓心變清淨，唯有清淨的心才能作主自由。

27 正面的想法

「念頭從自己心生起，所以多起正面的念頭想法，人生是否就會變好？」

或許你常聽到有人教育你或勸告你：要多起正面的念頭，要多想正面的事情，要保持心情愉快，要有和諧的人際關係，要多想想人間很多美麗的事物、人生充滿喜悅，這樣問題就能解決……。這些聽起來很簡單，但實在講，沒有一樣你能做到。縱使做到，也只是短暫解決表面的問題。

我常跟學生講，你必須從自己做起，你的心念轉不掉，不把心中的結解掉，你就什麼都沒有。想想看，正面念頭從哪裡來？快樂、煩惱從哪裡來？都從自己來。如果心念不能作主，想要的不會有。所有問題的答案就是自己，不從自己去努力，就只能被動無助地等事情發生。

一個人有困境，跟他講：你要多打坐、要檢討反省、要認識自己、要負起責任。有人會講，這個人已經很苦、很煩惱了，還跟他講這是他自己的責任、要自己處理，聽起來很殘忍；應該跟他講，你要活得快樂一點，要轉個念頭，人生其實很光明的，未來充滿希望……。這些話聽起來很好聽，短暫時間有用，但是現實不是如此。

每個人造自己的業、運用自己的業，活在自己的業裡面。你不變，世界就不會變。要改變世界，必須自己先轉念頭。所有問題來自於自己，所有答案也來自於自己，所有努力也來自於自己，不從自己求，眞是很難改變。面對自己眞實的現狀，試問一下爲何會如此？若眞正努力往好的方向創造好的條件，自然會有好的結果，反之亦然。人生的順境或逆境都是自己創造的，所以一定要內省返觀，確實知道何類型的條件造成今天的困境，努力面對它、消化它，才是眞正解決困境之道。

那麼話說回來，叫人「看事情要看正面」，是否沒有太大幫助呢？

在禪宗來講，心生一切法是根本知見，用什麼角度看事情，就有它相應的後遺症。若把一切當夢、當空，也有它的後遺症。不管你有什麼看法，到最後一定要回到根本觀念，一切現象是心所生，心這樣作用，現象才會如此。心中有什麼，外在的人時事地物就有什麼，從外在的人時事地物了解自己心作用的業、作用的方向，而從心去提升改進，從根本下手才是提綱挈領。

心念往善、往空、往智慧去提升，才有辦法解決根本問題。生命中遭遇困難，它只是困難的一個面向，造成困難的根源是個性、心病，所以眞正的困難還有很多。要離開、要轉化這些困難，必須了解心所呈現的現象是一個整體。唯有清淨自己的心，增加自己的智慧、福德，整體的人生現象才會變。

不從心中眞正去檢討反省並放下執著，讓清淨一點的心呈現全方位的現象，再怎麼努力，改變都有限，都有它的後遺症。對於所遭受的困境，你忍有後遺症，你不忍也有後遺症，你提升，問題就會消失。心清淨一分，智慧、福德就多一分，現象就清淨一分，而且是整體提昇，這才是修行的重點。

28 面對自己的業

學佛的人常講一句話：「這是業。」那麼，不好的結果就稱爲「業」嗎？

教人學佛或修行不是講一大堆道理，來強迫人接受自己的不幸、自己的病，或是讓人很自卑，莫可奈何地接受困境。佛法講「自己造業、自己承擔」，人聽習慣「一切是自己的業」，但是沒有眞正去了解承擔。業是事實，很多人講「這是我的業」，只是一種說法，講這樣的話卻沒有想要改變，是不願意爲自己的人生負責。

業是正面的，你的心怎麼作用就有什麼業，佛有佛的業，菩薩有菩薩的業，凡夫有凡夫的業，業從哪裡來？自己造的。所以要返觀自照、要承擔，平靜接受並看清楚自己的業，再努力提昇自己的業。不管是否學佛，如果沒有眞正了解業，而用負面的角度看業，並不是眞的想承擔自己的業，講「這是我的業」在某種程度來說是一種自我催眠、自我痲痺，只是搪塞了事，這樣是誤用佛法的觀念。

那麼有人會問：「既然這輩子當人，人生本來就有苦，用這樣的態度面對是否比較好？」

閩南話講，做人就要能吃苦，做一隻雞就要用喙去翻食物才有得吃。中國人的想法是把人定位在人，意思是人一定要吃苦，這個說法是沒有錯，但也很無奈。一般人是把人生的酸甜苦辣、問題、煩惱當成必然，感覺上不把自己當成主角去提升生命，而在現有的環境裡甘願忍耐。

如果不提升進步而講當人本來就很苦，有這些「本來」的想法不會讓人生更好，反而有點自甘墮落的意味，不曉得自己是生命的主角。環境不是別人造的，而是自己相應的。自己相應的環境、人事就像一個考試，考不過就有很多煩惱，考過了就過關。正因爲當人有問題、煩惱，更要知道這些從哪裡來，知道一切是自己造，是自己可以改變的。

常聽人說，當人家媳婦就是要如此，當人家兒子就是要如此，當人家父母就是要如此，有人會覺得很委屈，覺得自己作不了主，不如放棄。這樣的觀念要放下，事實上一切是自己的因緣，只能自己了，沒有任何人是受害者。不要講藉口，藉口對提升自己沒有幫助。用世俗的觀念去看人際關係不是很健康，如果當人家父母、媳婦或兒女有很多委屈，這些委屈可能讓人造更多惡業。因爲縱使忍下來，忍的同時有很多惡念、不滿、煩惱，將來的業果也有得受。

人來世間是要面對自己的功課，要藉著現前的因緣提升進步，這些人生關卡是自己造的，不是別人給的。不知道這個觀念，就無法立足在根本基礎上而落實修行，無法眞正爲自己活。修行更是要清楚這個觀念，承擔一切，承擔的同時不起煩惱。

很多修行人會講「這是我的業」，這是被教的、學來的，但是心中不是眞正認識到是自己的業，沒有眞正化掉它，只是將它壓抑。壓抑沒有用，就像水要冒出來，把它堵住不發洩，將來就會爆發。要能認識自己是生命的主角，知道業是自己的心造出來的因緣果報，立足在目前的因緣果報而去了解它、提升它。有提升的觀念，就是心中洪水的出口。壓力煩惱的出口若是錯誤，將來就有更多的後遺症和困境，心生一切法才是人生正確的出口。

有人更進一步問：「雖然知道一切是自己心所生，但是爲何我覺得很多事是我無法控制的？」

人以自己看到爲看到、自己聽到爲聽到，人認爲自己所看到的是眞、聽到的是眞。鬼道衆生也認爲他看到的、聽到的是眞，天人也認爲他看到的、聽到的是眞。爲什麼？相應。你的心現出你的世界，你就只能看到你的世界，你看到的、聽到的東西就是告訴你：你的心只能這樣生，只能這樣相應。對佛菩薩而言，一切森羅萬象都是眞，也都是虛幻；都是有，也都是空。對凡夫衆生而言，他所在的世界是唯一眞實，除了這個眞之外，他不知道有其他，也看不破，這就是差別。心有所執，見就有所惑。

俗話講，眼見爲憑。錯了！是眼見爲業，心所相應的業。人眼見爲憑、耳聽爲憑，活在一種純物質的世界裡面受苦，不曉得這些現象都是心所生，是心所現出的業。人以此相應的業爲眞，再造種種的業，從中建立出虛幻的結構，生物結構、法律結構、人事結構、倫理道德結構，殊不知一切都是幻上生幻。眞正了解這個道理，也就是悟到心，人就天寬地闊，處處能夠作主，心就是活潑。

29 安住處

弟子問我一句話：「師父的開示是否是要教大家安住在當下的念？」

《金剛經》講：「過去心不可得，現在心不可得，未來心不可得。」也就是說過去念不可得、現在念不可得、未來念不可得，所以師父不會教你安住在當下的念，只會教你安住在當下清淨無我的心。念不可安住，念起來就不在了。師父告訴大眾要破掉我執，找到清淨心，安住在無我的清淨心，不是安住在當下的念。念出現的同時，要知道起心動念的心是無我，要真正體會這個道理唯有開悟，開悟了才能找到生命安住的處所。

30 無念是正念

心很微妙，你如果想到過去的苦，就算你正在看電視、吃好吃的東西，你就吃不下東西，也不想看電視。例如某人對你很尖酸刻薄，你想到那個人，再想到他對你的壞，一個念、兩個念、三個念，你的心就相應到這些悲慘的想法，心就爲之牽動，就被相應的情緒主宰。

心的本體是空，心的本質沒有形相，人的心起不同的念頭作用，人就有不同的經驗感受。空的心起煩惱的念，人就煩惱，而且人不自覺地會讓心繼續起煩惱的念。所以講無念是正念，當心是空、無念，便能眞正做主，要起念就起念，不起念就歸空。無念就像手是空的，要拿什麼都可以，拿了之後還是放下歸空。

應該做的事情就努力去做，做了之後就放下，心保持寧靜、平靜、清淨。當心中有煩惱，告訴自己要無念，念是自己生的，趕快收回來。心不自覺且不斷起作用是一種執著所造成的習氣，是一種無明。無念的心才有大力量、才有自由度、才活潑。

31 超薦法會

寺廟叢林裡從農曆的四月十五日到七月十五日，這三個月的時間出家人會結夏安居，就是不出門，專門用功三個月。在七月十五日這一天會有一個盂蘭盆法會，重點在於薦亡，而在民間就是中元普渡。很多人對超薦的意義不太了解，超薦或是普渡的法會裡所針對的是往生的人，可能是過去的祖先、親眷或地基主。

很多人不知道什麼是地基主，地基主就是跟你生活在同一個空間裡的不同衆生，俗稱爲鬼。根據經典講，每一戶人家裡都有這種衆生。這一家的主人如果心是善的，住在家裡面的衆生也會是善的；相反的，心如果經

常起煩惱，家裡的衆生也很容易起煩惱。修行或是做人做事，要如鬼神在旁邊般的警惕自己，這不是一種說法而已，是一個事實。從能量的觀念來看，你是什麼人，家中的衆生就是什麼樣子，物以類聚。

超薦就是以誦經、供僧等善法功德，迴向給和自己有緣的衆生，讓他們增長福德、智慧而超脫痛苦，投生善處。一般的方式是立牌位在寺廟，可能是幫自己往生的父母親或祖先寫牌位，或是幫自己寫一個冤親債主的牌位，寫牌位的同時就有念頭在這裡。念頭在哪裡，作用就在那裡，能量就這麼連接傳遞。當人的心是善的，自然有善緣相聚。當人心有惡，自然有惡的因緣和能量、有惡的人聚在一起。

法會藉由寺廟三寶本願加持、僧衆的用功、立牌位人的虔誠善念，以及有緣有情衆生的善念去執等多方因緣和合，而成就超薦功德。超薦是藉由一個人起慈悲、孝順、恭敬的念，或是知道衆生很苦這樣感同身受的念，把所成就的功德迴向給自己累劫的冤親債主、歷代祖先、墮胎的因緣或是跟自己有緣的眾生。起一個慈悲的念、善的念、恭敬的念、孝順的念、懺悔的念，能量就跟平常心念的能量有差距，這個差距就是超薦功德的重要來源之一。

超是超越，薦是離開，也就是不相應的意思。當心起生氣的念，知道生氣的念不好，再起一個善念就是超越，從惡念超越變成善念。心起善念就薦別惡的因緣，所以超薦的功德力是從心念來講，心念不同，能量不同，世界不同。

有人講，往生的親屬已經死了，到底超薦有沒有用？當你想到一個人是以善念去想，這個人就受到一種保護。當你想到一個人是以惡念去想，這個人無形中就被一種負面能量影響。所以超薦的功德還是在於發心，很虔誠、很恭敬、很孝順地寫牌位，希望你所寫牌位上的人變好、提升，把你的善念傳達給他。

很多人沒有辦法到寺廟來參加法會，在寺廟立牌位以後，自己就誦經、持咒、用功迴向，就會更好。平常誦經也可以迴向給自己的歷代祖先、冤親債主，或是跟自己有惡緣或善緣的人。如果在寺廟寫了牌位，卻沒有恭敬、慈悲、孝順的心念，寫牌位的效果就不大。寺廟只是做一個助緣，終究是要靠自己的用功。心是很微妙的，想到什麼人，就跟什麼人的能量相應。一切不離開自己的心，用功是用心去用功，造業也是用心去造，超薦也是用心去做。

32 嬰兒的業

爲什麼小嬰兒一出生不用人教，自己就會喝奶呢？

其實，人一出生就會自己喝奶是一種習氣，人因爲自己的上一刻而有下一刻，能量不可以分割，過去、現在、未來也不可以分割。沒有過去的你，就沒有現在的你，沒有以現在爲基礎，就沒有下一刻，過去因、現在果，現在因、未來果。用一種方便來講，每個人的現在是開拓未來的基礎，每個人的現在也是在承擔過去造的業。

每個新生的嬰兒不是新的，雖然表面上是新生出的身體，事實上嬰兒的心理是他過去生業力的綜合雛形，是延續他過去習氣相應的因緣。他跟父母親有深的相應因緣，所以他的神識來投胎。如果人出生就像全新電腦的硬碟一樣是空白的，應該什麼都不會，也就不會喝奶了。由此可知人從過去到現在、從現在到未來，能量不會突然間斷掉，也不會突然生成，每個新生兒都是帶著過去的業而來。

33 夢

很多人晚上睡覺常常做很多夢，覺得很累，這是爲什麼呢？

其實睡覺做夢也是在散發能量，沒有眞正休息，所以會很累。做惡夢時就更累，因爲心念多、力量大、動得頻繁。俗話講「日有所思，夜有所夢」，若是心中有很多放不下的事，因爲執著還在，到晚上就容易在夢中呈現。

禪宗講，悟道的人不管白天或晚上，心都要有空、覺、明。睡覺是色身的事，如果晚上睡覺做夢，還有很多念頭，代表還在不清楚地造業，還有很多的生死。要練習做到白天心很清淨，晚上心也很清淨。這不是像一般人講的我不做夢，一般人是不知道自己在做夢，已經睡得跟死人一樣，這是大昏沉。眞正有修行的人晚上睡覺是身體在睡，但是覺性很清楚。看看自己的程度，睡覺時心的空、覺、明有沒有現前？如果沒有，就要努力。

34 不卑不亢

一個人不自卑，就不會自我輕賤、看不起自己，自己的心跟佛菩薩的心是一樣，所以不必自卑。知道眾生都有佛性就不驕傲、沒有慢心，就不會看不起別人，所以眞正的不卑不亢是心清淨的中道。

開悟之前可先依據三皈五戒、依據因果的道理去做，在日常生活中練習不卑不亢。此時的不卑不亢還不是中道，只是練習不要自卑，也不要有慢心。放下錯誤的習慣、觀念，不要起人我是非，心練習平靜。現象是自己心所造、所相應，不怨天、不尤人，因爲你個人及你世界中的困境缺陷，正是自己心裡的結垢所相應、所造成的，當然沒有必要抱怨，抱怨也是無濟於事。

練習讓心平靜，慢慢破執、解開心中的結，心就不易被外境動搖。等到執著破掉，心清淨、空、無我，也就是悟道。眞空、無我、清淨的心起作用，恰如其分，呈現出當下的如是世界，不高不低、不傾不晃，此時就是眞實的中道現前，是眞正的不卑不亢。

35 藝術與佛教

心起念，念念相續而有不同行爲，並依照不同行爲創造、呈現出不同結果。藝術或科學都是心作用的結果，也是心作用的延伸。當一個人的心很清淨、廣大，他造作出來的藝術品就超塵脫俗。所以心很清淨的人刻的佛像就很莊嚴；心不清淨、很煩惱的人刻出來的佛像五官就不協調。心是什麼，現象就是什麼，所以聽說雕刻師傅所雕的佛像看起來會有他自己的神韻。

以前唐朝、宋朝很多文學家、藝術家，像白居易、柳公權、顏眞卿、蘇家三父子，都在參禪學佛。他們看到禪師們的自在、解脫、智慧，都相當羨慕並且感到興趣，進而參禪學佛，漸漸突破心的界限、執著，他們的文學和藝術的創作也會有所突破。心是什麼，現象就會依心裡的什麼而呈現，所以很多佛教的藝術反應出自在、空、解脫的心境。

好比說，寺廟很壯觀、很莊嚴，然而建築物是死的，庭園造景也是死的，這些表現出一個人心的作用。如果有一幅畫，上面畫一個禪師在橋上，微風吹過，流水碧綠，是不是很美？是很美啊。美是心產生的清淨、自在、無我、解脫，能夠達到這個境界的人，做出來的作品一定很美，走路很美、喝茶很美、講話很美，連罵人都比平常人罵人要莊嚴優雅。美是一種平衡能量的呈現，但這個必然是從清淨心呈現，能量不會自己造成，而是被造成的。

36 眞善美

一個人有理想，才會想要追求眞善美。大部分人都追逐名利，在生活中打滾起伏，在大環境中薰染迷失，爲私慾所驅使而奔波，很少有人想要追求眞善美。這不是富有或是貧窮的問題，而是人是否能對事情看得開、放得下，以現實生活中的缺失爲借鏡，提升精神修養。如果人完全被物質生活包覆，可能就不管精神生活的眞善美。

佛法不談世間的眞善美，而談解脫、自在、圓滿。世間所謂的眞善美是相對的，你認爲眞，我不一定認爲眞；你認爲善，我不一定認爲善；你認爲美，我不一定認爲美。每個人都有心，心能夠達到自在、解脫、安住，能夠起自利利他的作用，這才是眞實的。體現出自己本具心性就是眞，依著本心的性德去待人處事就是善，每一刻都安住當下，無住生心、不緣境就是美。

37 出家

有人這麼問我：「一個人爲什麼會有出家的念頭呢？」

好的念頭、不好的念頭，想出家的念頭、不想出家的念頭，每個念頭都來自於自己。會有這樣的念頭可能是由於過去的因緣，想出家是好事，但是想出家不是重點，重點是有沒有練習放下壞習慣、煩惱的習慣？可以多看經、打坐、用功，如果心能夠平靜、安住、向道，出家是好法師，在

家是好居士。如果心不平靜，沒有道心，不是眞的想用功，在家是煩惱的居士，出家是煩惱的法師。

既然想走這條路，就為這條路積極準備。用功了，自然會水到渠成，不用功而安排，就是勉強。當在家居士的時候，若沒有放下自己的習氣煩惱，沒有提起道心，甚至發心出家的念頭不正確，就會把煩惱帶到僧團裡。所以想出家是好事，但淨心、發正確的道心而改正自己錯誤的習氣才是大事。

38 道德

從佛法來看，什麼是道德？

世間有很多道德觀念，道是指一種方向，德就是朝這個方向實踐的結果。佛法也講道德，佛法講的道是清淨無我的心，這是每個人都有的。清淨無我的心起出清淨、無我的大作用，就稱為德，這是眞正最高的道德。人倫之間的道德是小的道德，會因時間、空間、民族、文化而不同。但是不管哪個民族、文化，哪一個時代，人都有能力生出、規範出世間種種不同的道德觀念。

佛法所講的道德是指每個人都有心，心起什麼作用，人就必須跟什麼作用生活在一起，這個原則是沒有例外的，每個人都如此。依清淨心所起的作用才稱為德，不是清淨心起的作用就不稱為德，只是一種雜染的作用。

39 看不懂公案

「看不懂禪宗祖師的公案，要怎麼入手學習？」弟子向我請教。

看公案跟祖師的語錄，首先要有恭敬心。有個古代的文人看到心經講「色即是空，空即是色，色不亦空，空不亦色」，他就講，佛法就像兩桶水，倒來倒去，一會兒是空、一會兒是有，一會兒又空又有，此等人就是沒有智慧。

看祖師的語錄或公案不可以有慢心，有人講：「這個不用看，看這個沒有用，祖師講這些是讓人不打妄想，就是這樣而已。」如果他說的是眞的，難道祖師有神經病，專門講一些讓人聽不懂的話？一般人講話都很難順利溝通，公案裡的祖師們講的話上上下下，曲折變化那麼大，時常讓人丈二金剛摸不到腦袋的，但是祖師們都能明瞭其中的意思。

衆生執著重、習氣重、煩惱重，積非成是，所以看不懂禪宗祖師們開悟證量所講出的語言，就像一般人認爲看得懂佛經的意思，其實只是自己的揣測，就像瞎子摸象。程度好一點的人也只是以管窺天，他的懂還不到位，因爲凡夫沒有佛的修行，沒有清淨的證量。就像沒有到過某個城市，光聽別人描述或看圖片而憑空想像該處的風光，正所謂「一人傳虛，萬人傳實」，不是親證的認識不是眞實的，但一般人聽多了、聽久了，就以爲是眞的。

再來要有懺悔心，懺悔自己爲什麼執著、業障那麼重、智慧不能開、看不懂公案？祖師的公案、語錄就像是敲門磚，你修證程度眞到那裡，你就會懂。很多人講：「祖師講什麼，我都聽不懂。」這表示自己有很大的業障，心有執著，智慧不到。三藏十二部經典是佛證道後，從他清淨的自性講出來的理，他講的理就是相應他心的空、覺、明。禪宗祖師的語錄或公案是講他們修證的境界，沒有到那裡，你一定不懂。

對祖師的公案還要有求知的心、願心，佛有這個心，我有這個心，我的心清淨了就是佛，佛、祖師看得懂，我也一定要能看得懂。佛跟衆生的基礎是一樣的，你如果做不到，永遠是凡夫。不可以自屈，也不可以自怨自艾。

所以看公案要懷著恭敬心、懺悔心、願心，這才是正確的態度。修證的程度還不到，千萬不要隨便批評、排斥，也不要懷疑。要懷疑就要懷疑自己，這是比較正確的態度。

40 克服用功時打瞌睡

有弟子請教我：「有時候工作太累，聽師父開示會打瞌睡，自己用功也會昏沉，覺得這樣不好，但是不知道如何改進？」

我告訴他，聽開示不要打瞌睡，眞的很累就休息，不要邊聽邊睡。聽正法卻打瞌睡，將來的業就墮入傍生。這不是恐嚇你，而是事實，因爲你跟正法不相應。聽經聞法打瞌睡和看電視打瞌睡的果報不同，電視是世間的一種染緣，看電視和打瞌睡的因果相去不大，法界相去不大。一切都是從心來計較，心是什麼樣的狀態，就是什麼樣的頻道，就是什麼樣的果報。

「寧動千江水，勿擾道人心」，你打瞌睡就是擾衆，是對這個法界的一種污染。所以以後在禪堂裡打瞌睡，法師會用香板把你叫醒。如果你還是再打瞌睡，一般禪堂的規矩是要跪著直到開示結束。既然要學，就要提起道心，否則學個什麼？

【第三部】啓正見

41 南傳佛教與大乘佛教

「南傳佛教和大乘佛教有什麼區別？」這是很多人想知道的問題。

南傳任何的法，四念處、四正勤、四聖諦、五根五力、七菩提分、八正道、三十七助道品，不管哪一種，都是要實踐戒定慧。讓心不馳求，不往外面攀緣，就是戒的眞義。往外面攀緣，就會不斷起心動念而造出更多輪迴，習氣像滾雪球越滾越重。要停止習氣的累積，不要攀緣，所以要有戒。心不攀緣，不往外馳求，就有定。能定才能返觀破除執著，才有智慧，南傳佛教的修行是這樣的次第。

人在日常生活中很煩惱，念頭很多，靜坐用功後，妄念習氣慢慢淡薄，念頭不攀緣，心就慢慢定下來，才能夠返觀念頭從哪裡來，再找到念頭來的地方，就是一種戒定慧的實踐。所以戒的眞義在於不馳求，不繼續造心外求法的生死業。定的意義是安住，不是只有不馳求一分鐘或一個小時，而是時刻要安住。安住不攀緣，念頭才會清淨，才有辦法返照、破執，才有智慧。不管哪一種宗派法門，就是要實踐戒定慧。

大乘佛教講六波羅蜜，布施、持戒、忍辱、精進、禪定、般若，大乘涵蓋的範圍比較廣。布施的眞正意思是放下，心不要執著，不放下就無法停止攀緣，已經有的會想要更多，沒有的會想要有，所以布施的意義是放下，因爲一切是無常，不想放也得放。爲什麼南傳不講布施？南傳的修行人是以出家人爲主，他們某種程度已經過了布施這一關。可以說大乘練心的範圍廣一點，成就後能運用的範圍多一點，但練得多不代表樣樣都會，不要弄錯了。

六波羅蜜的第二個是持戒，和南傳講的戒定慧的戒是一樣的，放下之後不再攀緣，不心外求法。大乘的因緣比較廣，跟人的互動比較頻繁，在互動中能夠放下就是布施，和人或環境互動中能夠不心外求法就是持戒。忍辱就是互動中能夠安住，心不打妄想，就算心中很想要，但是不行就是不行，這就是練習安住。

安住之後才能精進，精是專一，進是進步，精進就是專一返照，往內觀照才能知道念頭從哪裡來，從心的作用返照，找到自己的本心本性。再來是禪定，禪定的重點是無我，要能無我必須破除執著、悟道，道要現前，清淨心要現前。無我之後是般若，清淨心起用才能夠眞正無染，不造生死業。

經云：「修行不發菩提心，猶如耕田不下種。」當煩惱執著破掉，般若智慧現前，無我現前，清淨心現前，就是菩提心現前，就有空、覺、明。成就空，就成就清淨法身佛；成就覺，就成就圓滿報身佛；成就明，就成就千百億化身佛，這些都是依於菩提心而有。菩提心就是清淨心，就是無我的心，就是六波羅蜜到最後般若現前的境界。

修行有其次第，人若沒有朝著破執著、讓清淨心現前的方向而修六波羅蜜，而修所謂的菩薩道，就像將一個種子用布包起來埋在土裡，不知道它會不會發芽、開花、結果，也許種子就死在裡面。修菩薩道的眞義要跟心清淨、無我、解脫有關，修行的觀念、行爲如果跟正知見、解脫知見、心清淨知見、無我的知見不相應，所修的不是菩薩道，而是生滅的世間善法。就像妄想執著包覆著正念種子，跟妄想我執相應而修菩薩道雖然有福報，升到天上或再到人間，有福報就造更多的業，這樣修的法不是修菩薩道。

修行是了生死、成道證果的大事，不是兒戲，不是跑龍套，更不是要耍嘴皮子。以前五祖弘忍大師跟弟子講，大衆終日只求福田，不知道認識自己的本性，「自性若迷，福何可救？」如果心迷惑了，再多的福都救不了你。修南傳法要有解脫、成道的觀念在，不離解脫、成道而用功；修大乘的六波羅蜜也不離開解脫、成道，依解脫爲基礎而利他才是菩薩道。

很多人嘴巴講，我學佛用功。你用什麼功？學什麼佛？所認知的經教道理是遠之又遠，不知道什麼是佛、什麼是心，不知道什麼是修行的次第，自以爲是，不是眞用功。佛經沒讀過幾本，不知道什麼是大乘小乘修行的意義，就開始妄自批評某個法師講得好或不好，某個人的知見不夠究竟……，好像自己是釋迦牟尼佛再來，現今這種人太多了。就像電影裡面罪犯被警察抓到，警察會講，「你現在所說的，以後都是呈堂證供。」所以最好想一想，自己用功多少，破除多少執著，證量在哪裡？自己現在講的都是未來的呈堂證供，是自己要負的因果。

佛教的發展有其歷史因素，歷史只是不同法界因緣的呈現，是人的執著所造的時序與線性關係。沒有執著，則每一刻都是當下，三心了不可得。佛教發展的歷史以及教理上的不同，是由於衆生的業感不同，在不同時空，也就是不同法界，所需要的教法不同。不這樣看，一般人會認爲歷史上先有南傳、後有大乘、再來是密教，這種看法是世間的看法，對於心即法界的觀念不清楚，不是突破時間空間的觀念。依人畫天，只是自己的想像，不是眞實。

有人會問：「佛法都是釋迦牟尼佛所傳，爲什麼在不同時代、不同地點，就有不同的教法？」

心的作用不同，就會有不同地區、不同人種、不同時空的衆生。心的作用不同，就有不同的業感，就有不同的存在現象，當然就相應、產生出不同的教法。換句話說，不同地區、人種、時空的人，因爲其根性、習氣不同，當然就需要不同的教法。

佛的時代沒有那麼多經教，弟子都可以解脫，因爲那個時代的人感應出來的業比較簡單、清楚，以後發展的佛教也是由不同衆生、不同修行人的心念，在不同的法界裡面呈現。人會把不同法界呈現的教法順序化、時間化、空間化，事實是衆生的業不同，法界不同，感應不同，這才是整體的觀念。

不同的心念在不同時間成熟，所以不同的教在不同時間成熟。在法界裡面假名爲時間，其實是衆生把它排定成爲歷史，但就像不同果樹需要有不同的營養、陽光和水分。不管哪一種觀念或修行方法，是要認識自己的心，讓心落實下來、安定下來。若不是如此，修什麼法、學什麼教，都是落空。

42 選一門用功

有人問，修行法門很多，有所謂「一門深入」，不知道如何選「一門」？

修行的利益都從破執培福而來，就是依據心法道理而破執著，知道自己有是非、煩惱、人我，反省檢討而放下它。不從問題的根本著手，不眞心著力於解脫而修自利利他，所謂學禪、學淨、學律、學密，只在表相上計較得失，至多是種種善根，得不到太大好處。

修行唯一的捷徑是面對自己、突破自己、放下自己，也就是從心所生的法返觀自照，藉由反省檢討而破除心中的障，離開這樣的原則就不是捷徑，不是一門深入。不改正貪、嗔、癡的毛病，必然長養習氣邪念，日後必然成爲邪魔外道。離心而談佛法、解脫、智慧，就是外道，不是一個人學禪宗、學淨土、學密教就不是外道。依鬼神爲依歸，拜神、拜鬼是外道，裝神弄鬼是外道，這些比較容易辨識，而在佛法裡的外道就不易認清楚。

一切法由心所生，自我檢討生活缺失與困境，懺悔、改進，清除心中的垃圾，這是最直接了當的修行捷徑。若不了解心法的道理，修行就會在相上打轉而迷惑，求感應、求神通，不確實修正自己的問題，好像自己造的業可以叫別人幫忙承擔，這不是佛法。如果別人可以幫忙承擔自己的業，佛的神通涵蓋十方虛空，他把所有人救一救不就好了嗎？事實不是如此。

一切法由心所生，心是一切法唯一的門。從現象法返觀自照而知門在何處，從放下錯誤的現象法而改掉心中錯誤的門，這是眞正的一門深入。不離開心而談法、而改過、而開悟，不離開心而言語、而動作、而思維，不離開心而成佛做祖，這才叫做一門。不是學禪叫做一門、學淨土叫做一門，學禪、學淨、學密是爲了對治心的執著和煩惱。心有障，從心直接入手，就叫一門。離開心而別談有一門可深入，這種門是方便門，不是究竟門。

43 修行與執著

「修行必須依於一個道理或法門做，這算是一種執著嗎？」一位女士問道。

打個比方，這個地方很髒，必須先用掃把將這裡掃乾淨。掃乾淨之後就必須把掃把收起來，否則放在乾淨地上的掃把就是障礙、垃圾了。但是在掃乾淨之前，沒有掃把，沒有一個方法，人是不會進步的。

執著打坐是不是一種執著？是一種執著，但是如果沒有這個執著，人就執著煩惱、執著財色名食睡。所以修行先建立好的執著，把壞的念頭放下。像吸毒是一種執著，打坐也是一種執著，兩利相較取其重，兩害相權取其輕，打坐比吸毒好很多，所以藉好的執著來放下不好的執著，最後再把好的執著也放下，這是修行的次第。「不捨有爲法，難入無爲門」，但是最後心還是必須達到眞空，通身放下，沒有一點罣礙，否則不能眞正解脫自在。

那麼，努力跟執著有什麼區別呢？

努力用正確的觀念來修正自己可稱爲努力，相反地，若不能覺察或不能放下自己觀念的偏差而努力，想要用這樣的努力來改變自己，就稱爲執著。觀念不正確，如同盲人求好道，反墮深坑。一個瞎眼的人很努力要找路到達目的地，這樣的努力不能說沒有意義，但這種努力往往是一種盲目。現象本身是果，現象有其因，知道因、果而努力，就不是盲目。不知道因、果而努力，就是想要煮沙成飯，這是執著，而且是愚癡。

44 修行在日常生活中

在努力的過程中要能夠善調身心，習氣不是一天養成，所以修行的成果不是一蹴可幾。知見正確就努力做，努力了就放下。由於自己還有過去的習氣、業，就像一個農夫上一季種了很酸的水果，知道這水果不好，這一季改種好的水果，但是果實需要時間成長，在這一季好的水果成熟之前，能吃的還是上一季種的水果，所以要有耐心。

先建立正確的知見，努力實踐這樣的知見，同時知道自己還有習氣餘報，還有要消化的業、問題，所以雖然努力也未必有快樂。辛勤耕種已經很辛苦，同時要消化過去遺留的不好果實，自然更辛苦。但只要對的觀念種子，再有正確的耕耘，這些辛苦會慢慢化掉，善果會慢慢呈現。

許多人很好奇，如果修行是在日常生活中，爲什麼還要出家、打坐、誦經，做種種佛事呢？

學佛一段時間的人都聽過，修行是在日常生活中用功。有人講，修行不一定要打坐、誦經、持咒，不一定要去寺廟，不一定要出家。確實不一定要做這些才會開悟，但是人從早到晚心一直在起作用，就算睡覺，心還是在作用。人有腦波、心跳，代表心在作用，身體、環境在變化。人每分每秒都有想法，打坐一個小時，就可以有一個小時的機會放下錯誤的心念，削弱我執習氣的增長。

心起作用的焦點依靠在靜坐的方法、持咒或唸佛號，就可以轉化自己的習氣妄念。如果不花時間收斂自己的習氣煩惱，例如打坐、誦經、念佛，心就會按照平常的習慣作用。隨著心所執著且常起的念頭方向重複不斷地作用著，就是不斷加深所起作用方向的習氣。

修行要觀照念頭，修行在日常生活中的每分每秒，這個說法是正確的，但是眞正做得到的人不多。平常能知道自己起念並不容易，除了打坐、拜佛或持咒的時間外，在其他時間怎麼讓心念清淨？要怎麼做？有沒有做？這是實質的問題，不處理這個問題，修行不會進步。

悟道的人是時刻努力安住在清淨的地方，那麼沒有開悟的人怎麼用功？例如參話頭，不管是吃飯、走路，甚至睡覺，都不停地參，用參話頭的力量止住妄想、貪心、習氣，這是具體的用功。一般人很少能夠做到修行在平常中，做不到而講這樣的話就是誤導衆生。沒有具體的實踐方法，這樣的修行觀念就沒有基礎，就是口頭禪，甚至變成懈怠墮落的藉口。

很多人講修行在日常生活中，但是你仔細觀察，究竟有多少人在日常生活中用功修行呢？講這樣話的人基本上分爲兩大類，一類是修行極高的人，他的生活就是修行；另一類的人就是不知精進，不思無常，安逸舒適過日子，是看似在修持卻一事無成的佛弟子。

永嘉大師講：「行亦禪，坐亦禪，語默動靜體安然。」他做得到，你做不到。沒有開悟的人哪裡有禪？行是妄想、坐是妄想，語默動靜都是妄想。參禪就是在話頭當中用功，時刻不離話頭，鎖住心這頭牛，讓它不打妄想，到最後破掉執著而開悟。還沒有開悟的人行要參、坐要參，語默動靜都要參，用功才有著力點。

去寺廟打坐、拜佛、參加法會，只做這些不能算是眞正入門的修行，入門是要入到心。心有執著，有貪瞋癡的念頭，用一個方法看住心門才算用功修行，所以落實修行是從每一刻的起心動念去修。自己還不是佛、不是菩薩，也不是大修行人，沒有「修行在平常日用中」的功夫，這功夫並不是一般修行人可以做到的。

很多人從書本、網路或聽開示中得到一些知識，就認爲自己什麼都懂，每天好像有做一點功課、打一點妄想，修行不到家，自己在哪裡都不知道，便空腹心高講大話，看別人參禪、打坐、念佛，就說這樣修行太執著。自己還不是聖人，是有病的人，打坐是一帖藥，誦經是一帖藥，持咒是一帖藥，拜佛是一帖藥，修什麼法門都是一帖藥。一盲引衆盲，就是要命的錯誤觀念。

45 理與事

一般人常有這樣的疑問：既然聽聞並了解心法，也在實踐心法，爲何道理懂了但是卻做不到？

修行的成果就像長在樹上的水果，想要樹上的水果，但果樹有枝、葉、根，有果樹成長的條件，像水、空氣、土壤、養分、陽光、時間等，有沒有努力聚集、經營這些必要條件，都和水果成熟後的品質有關係。心法的知見好比正確的種子，不管是聽聞或是自己體悟一些正知見，就像將正確的種子種在土裡。種子要長成樹苗，乃至於開花結果，就像修行要能夠自己得利益、也利益眾生，就必須創造好的成長條件，讓一切條件具足。

現代修行人的通病，就是看到水果的美好，不斷在長成的水果上做文章，執著並分析這個知見很好、那個知見很好，把焦點放在想要的水果上面。要有這樣的結果，必須有正知見成長的土壤。你心中的想法、觀念、執著，就好比你培養正知見的土壤。雖然你聽聞或是體悟到一點正確的知見，但你心中的觀念、習氣並不是清淨的，就像讓種子成長的土壤不但不是肥沃的環境，而且還含有毒素，所以就算有好的種子，不改善土壤環境，仍然無法收穫得利。

正知見的種子如果長在錯誤的習氣我執環境，人不能覺察修正，修行到最後就成邪、成魔。不放下心中的執著、習氣、我慢、煩惱、人我、是非，就像不改造土壤，就算種下良好品種的種子，長出來果實仍是酸的。修行的行爲要能配合知見，知見是靠行爲呈現出來。行爲配合不來，就是水果成長的條件不具足，長出來的水果就不好。就像本心是清淨的，但是如果日常生活中喜歡抽煙、喝酒，談論是非，貪財色名食睡，這樣的行爲是違背成道的行持，更無法與心本來的清淨契合，正知見的種子就無法開花結果。

46 色身與法身

弟子曾問我一個問題：「經云：『諸行無常，是生滅法，生滅滅已，寂滅爲樂。』這個妙樂是哪個身體在受？還有，色身會滅，法身會不會滅？」

妙樂是心生出的作用，作用當中有身體、有妙樂，不是身體受妙樂，妙樂跟身體是一起的。生氣的時候，生氣的身體、生氣的念頭、生氣的感覺是一起的，但是凡夫會認爲「我在生氣」，事實上沒有誰在生氣的問題，是心所生的一個整體作用。本具心的空就稱爲法身，心的無相涅槃是本具的，心是不生不滅，心既是不生，則心所相應的法一定不滅。

「色身會滅，法身會不會滅？」這問題基本上要看從哪個方向講，色身不能獨立法身而有，色相變化，法界變化，法身同時變化。色身是心的作用，法界也是心當下的作用，法身更是心當下的空性，三者是不可分割。這三者是當心一起作用時就相應而有，法身是隨著現象的變化而變化，色身是心相應的作用現象，當心相應時就顯現，而當心不相應則不顯現，說色身會滅還是方便說。色身如果是眞實有，那它就會滅；色身如果是心相應而有、緣起有，就不能說它滅。本是無生，今則無滅。

47 出家與解脫

大家常常好奇一個問題，出家是否比較有機會解脫？

出家是先放下世俗的塵緣到寺廟住，以更單純的身分用功精進，有更多時間、更多方法助緣，更專心對治自己的煩惱，降伏自己的習氣執著。出家算不算解脫？在表相上某種程度算是解脫，出家就不用花很多時間整理頭髮、穿著，也不必爲很多生活俗事煩惱。但是就算不爲這些事情煩惱，如果習氣不改、執著仍在，心一樣是作不了主，還是會爲其他事情煩惱。更甚者，如果出家後還計較人我是非、衣服是否莊嚴、食物好不好吃，就和世間人執著一樣的事。若不是眞正在修行上留心，縱使出家也是在另外一個團體中過生活、起煩惱，何來解脫？

解脫不是表相上剃個頭、穿著袈裟，而是看心能不能達到自在、清淨。人的念頭攀緣到多遠，身體就顯現到所攀緣的地方。佛、菩薩則是願力有多廣，就能示現到多遠的地方，因爲佛、菩薩無我，可以應眾生的需要而出現。凡夫心不空、有我，念頭在哪裡，身體就在哪裡攀緣。心已經習慣攀緣，時間到就要喝咖啡、吃飯、找朋友、度假。

念頭若是作不了主，就算到一個清淨的地方，心還是定不下來。例如你一個禮拜來寺廟一次，靜坐一支香、兩支香，念頭慢慢沈澱，但是念頭還是很粗糙，因爲經過一個禮拜，煩惱、執著、無明又增長了。靜坐後放下粗的塵垢，但還是看不到微細的煩惱，稍微細一點的念頭還是在作用。雖說是如此，進禪堂用功後，出禪堂還是覺得心平靜很多，所以解脫一定是心要能平靜、清淨、作主。要達到這個目的，必須靠日常定心、靜心的薰修用功，以及生活中的返觀自省自照、磨練除垢，不斷放下自己的習氣執著才能成辦。

心慢慢穩定、慢慢降服煩惱，行爲就會起變化，過去覺得好吃的東西，現在不一定喜歡，可能覺得味道太重。過去喜歡吵鬧，東家長、西家短，現在可能覺得太吵雜，因爲心已經慢慢安定下來，自然不相應這些粗糙、繁雜的環境。再繼續努力，讓心再穩定，再降伏更微細的煩惱，對於飲食、穿著、身體感受，就沒有太多想法、執著。以前覺得很有意義的事情，會慢慢覺得不是很有意義，這是因爲收斂心念而不相應。若一個人對財色名食睡不再有興趣，某種程度也算是出家。

能降伏內心的煩惱，破掉執著悟了道，就有地方安心安住。悟道後需要一段時間安住，才能眞正解脫。很多修行人想要今生解脫，卻放不下頭髮、食衣住行等生活俗事，放不下人我是非，這個捨不得、那個捨不得，這個想要、那個想要，自己的問題看不到更放不下，這樣是不可能解脫的。

那麼有人又會問了：只要心清淨，是否不必執著要出家修行？

所有的法、所有的現象，都是以心性爲基礎、爲源頭。看事情要以心性爲一切法的源頭去了解，做事情要以心性的道理爲基礎去做。但是如果只講心性的知見，而不能落實在事相上，就變成重理輕事，光說不練。

有些人努力了解心法，但在事上面做的比較少。例如有人講「心淨國土淨」，所以從心法來看，只要心清淨就是出家。但是要知道「心淨國土淨」是要從淨心開始，落實心法而改正、提升生活事實，是從頭到尾、從理到事的貫徹實踐，也就是從心的根本道理與現象的呈現都能成就。理跟事是不能分的整體，心的清淨智慧必然能顯現在實際生活的昇華，所以講「心淨國土淨」是有理有事。因此心眞正出家，身也必然出家，這才是事跟理合在一起。

許多修習禪宗、注重心性的人，在事相上面就有所忽略和缺失，不能積極落實在生活，只活在理論上，這樣的修行不會眞正進步。有人講：我心吃素就好，酒肉穿腸過，佛祖心中留，修行不一定要吃素；環境髒亂沒有關係，只要心不髒就好了……。心清淨，外面就清淨。心中沒有貪嗔癡慢疑邪見，外面就沒有種種殺盜淫妄。用心法去看事情絕對正確，但是重點是：你的心能不能眞的清淨？

有人講：「我現在的生活很簡單，就像出家人一樣，心清淨了就是出家。」但是他心中還是很多妄想。「心淨國土淨」是從理到事都要圓滿的，不是光嘴巴講講。如果人有辦法起一個念頭，世界馬上改變，念頭馬上變成事實，這樣功夫就是到家。絕大部分的人起念並無法讓世界變成念頭想要的，就算懂一點道理，事實仍然有障，習氣障、煩惱障、所知障，放不下的東西還很多，談論的知見離自己能達到的事實還差很遠。

佛一起念，山河大地馬上變化。以前佛剃度弟子，就講：「善來比丘，鬚髮自落，袈裟著身，即成沙門。」佛這麼講，那個人的鬚髮就落下，袈裟就披上身。諸佛菩薩的修證可以讓自己在物質世間有個具體的形相，也可以在物質世間消失而馬上歸空，不是念頭空而已，是身體、現象都歸空。能達到這個程度就是「心淨國土淨」，也才能「心清淨就是出家」。

心的知見很重要，但要很實在去用。心到了，身一定到。現象是心所生，現象達不到那裡，就是心還不到那裡。修行要眞實面對自己內心的缺失，不要擔心身邊沒有菩薩、聖人，要做到的是自己就是佛。自己不是佛，擔心身邊沒有菩薩、聖人、護法也沒有用。菩薩、護法不是求來的，是相應的，相應的意思就是你有你的一份，你自己這一份做到了，法界就會到。所以學禪的人要在事相上面多用功，不要講一些口頭禪。

人有貪嗔癡慢疑邪見，所以在世間有很多習氣，人不容易看清自己的習氣。在事相上實踐磨練，習氣才會現前。你沒有碰到事情而說你沒有煩惱、說自己心很清淨，都是不實在的。修行人要看到自己的毛病，而且眞正去修正，就是在煩惱中轉化習氣、轉化業。修行不是只有道心就可以，還要持續培養道心、發起道心。道心就是要成道的意願，道不成是因爲我執、煩惱、習氣很重，所以必須破除執著、習氣、煩惱來養護道心。

48 不著相

很多人講，修行不是在相上面分別。話雖是如此，但是這些人連相都沒有，連樣子都裝不出來。講這樣話的人很多是自做聰明，說別人用功是著相、發心出錢出力是著相，自己連用功相都沒著，用功的人起碼沾上邊，這樣的人連邊都沾不到。學禪的人這種問題尤其多，常講：禪不在坐、禪宗不注重相，一切是因緣和合，一切是心所生，一切是空……。自己不用功，講這樣的話就不是自己的本分事，只是空想。

就像一個窮光蛋講：「有錢有什麼了不起？我就不執著錢。」要講這樣的話，等眞的有錢再說。現在修行人的毛病特別多，不是執著要唸幾百萬遍的經咒，就是批評別人著相，自以爲是、自做聰明，這些都是自己耽誤修行。眞正的修行人是用功到究竟，把執著化掉，才不執著相，這些成就是用功苦過來的。禪宗的自在、解脫、不著相，是要眞正做到了再說。

《金剛經》講：「若菩薩通達無我法者，無我相、無人相、無衆生相、無壽者相。」意思就是要先達到無我。愈能夠面對自己的缺點，愈能夠返觀自照破習氣，修行就愈紮實，愈能夠快點成就。「通達無我法者」就是說心是眞空、無我，是一種解脫境界，我執全部破掉。但是佛門中不擇一法，任何善法都要修，所以不要自命清高，認爲自己不著相。眞正成就很多事法功德的人才可以講不著相，一點事情都不做、不能發心的人，就連執著相的資格都沒有。

「若菩薩通達無我法者，無我相、無人相、無衆生相、無壽者相」，這時候超越時間空間，再來就是修一切善，不執著一切善，即得阿耨多羅三藐三菩提。自己衡量自己的程度，如果連第一步都還沒到，還未達到無我，就更應該用功。看看自己誦多少經，一天坐幾支香，用功要從心去破執著，事相先做。放不下、達不到無我就是不行，就像達不到足夠的分數就上不了好學校，考不上就是考不上，不可能煩惱執著不破，求菩薩先讓你過關，以後再補修。

不要說別人很認眞布施、持戒、精進用功是著相，他著不著相是他的事，你說人家著相就有你的罪過。如果你是成道的人，看到一個人很著相地用功，你可以點化他，讓他破掉相而找到無爲的心，就像南嶽懷讓禪師磨磚來點化馬祖道一禪師，這樣可以幫助人開悟。但是大部分人都還沒有到這樣的程度，所以不要隨便點化人家。

要勸人用功必須有足夠的智慧，教人用功是有立、有破。立就是告訴一個人，你現在這樣做很好；破就是說，你這樣做是執著、要放下。要立還是要破必須斟酌，要能夠適當進退，不能亂講。

禪宗祖師講「啐啄同時」，好比母雞孵蛋，小雞在蛋殼裡面要破殼而出的時候，母雞在外面啄蛋，同時小雞也在裡面對著同一點用嘴啐蛋殼，蛋殼才會破，這叫做啐啄同時。如果時間未到，母雞太早把蛋殼啄破，小雞就會死在蛋裡面，好比弟子還沒準備好，師父就幫他破，這樣就不對。現代人好為人師，人家還沒到那裡，就在旁邊說：「你這樣著相是不行，不必打坐這麼久，不必誦那麼多經，這都是著相。」

要破必須知道因緣到了沒有，不能隨便講。不能隨便破，也不能隨便立，隨便立就讓人家走入死路、錯路。徒弟準備好了，師父也看得清楚了，這時就是一擊致命，妄想的命死掉，法身活過來，就悟道了。爲什麼講機鋒？機鋒就是時間條件都成熟了，這樣就會成功。

佛法有立有破，《心經》講「無眼耳鼻舌身意、無色身香味觸法，無眼界乃至無意識界」，這種無就是破，破到最後，「三世諸佛依般若波羅蜜多」，三世諸佛依智慧而成佛，這就是立，破到究竟了再立。修行就是一直破執著，破到無我、清淨的這個地方，依無我、清淨而立，這才符合經典講的意思。「無我相、無人相、無衆生相、無壽者相」是破，再來「修一切善」是立，不執著一切善又是破。立了馬上破，破了馬上立，就是無住，作而無作。所以是做了才放下，不是還沒做就放下。

人不是佛，但是要成佛就要和佛比，就要了解佛是什麼樣的。佛的長相莊嚴，行持有威儀，辯才無礙，神通無限。佛有智慧、慈悲、願力、大行持，就是有悲、智、願、行。修行依照悲、智、願、行這四個方向做，將來才能成就佛道。心是什麼，境界就是什麼。心不是這樣，境界就不是這樣，心法從理到事都是一體的。佛的外表是他心的展現，所以佛的外表不會邋裏邋遢，除非他是要示現教化世人。

現在我們寺廟裡聽講經開示，居士要穿海青，有受五戒、菩薩戒的就搭縵衣，爲什麼要這樣做？藉由這樣而收斂散亂的心念，如果每個人穿得花花綠綠，化妝、擦香水，就跟在百貨公司、菜市場一般，沒有收攝心念而提升的效果。就像如果進到一間寺廟，看到佛像的頭是歪的，佛龕上有很多老鼠、蟑螂，地上有很多垃圾，你應該不會想來這間寺廟用功吧。

有人講，酒肉穿腸過，佛祖心中留，只要心清淨就好，吃葷吃素沒有差別。但是想看看，如果有一個人外表很難看，穿得很普通，他說他是佛，你信嗎？心到哪裡，法就到那裡，法到哪裡，心就到那裡。法怎麼現，心就是怎麼作用，這才叫做心法，所以不能講「酒肉穿腸過，佛祖心中留」。成道的聖人縱使心是清淨，吃肉跟吃素的因果還是不同，心的作用不同，因果就不同。

心空是本具，心空並不能抹滅心所現出的過去、現在、未來的業。葷是葷、素是素，髒是髒，淨是淨。不能說「我心乾淨就好了，家裡髒無所謂，長相髒臭無所謂」，這是偏差，是對心法誤解，是一種無明、遮障，這樣想久了就沒有智慧。現象是自己心所生，不是別人幫你做的，自己身心有種種缺失，都是心作用不圓滿的問題。

因果之微細超越一般人想像，不能隨便講一些似是而非的觀念。歷史上有高僧示現一種很髒、很亂的外表，或是呵佛罵祖，他們是要破掉一般人對相的執著，但還是有其因緣果報。要學佛，當然是依佛的中道行持、知見為圓滿，對於祖師或菩薩示現的方便，知道用意就好。既然是方便，就不是修行的大方向。很多人腦筋糊塗，什麼都無所謂，自稱是不著相。講不著相本身就是一種著相，不著而著。著是一種著，不著也是一種著。

49 看清事實

修行到最後就是一個基本觀念：一切是自己要負責。人通常比較容易怪罪別人，比較不容易承擔自己面臨的困難。一個人生病了，跟他講是你自己心所生出來相應的業，他不容易承擔。但如果跟他講，這是某某因素造成，他會比較好過。雖然他會比較好過，但是不能解決問題。自己的想法、認爲、感覺，自己碰到、自己痛苦、自己想解決……，這些才是離不開的事實。

認清事實才有辦法改變，事實可能很殘酷，人生病、殘疾、快要往生、煩惱很重、生活很不幸……，這些是業，是一種能量不協調，沒有人可以代替你的位置，只有你在這個位置上，既然只有你，你的業不是別人所造。認清楚這一點才能徹底解決問題，這個無關殘酷與否，而是自己的責任。

世間有法律、有道德標準，但這些是公說公有理、婆說婆有理，不同時間、空間、國家、時代，就有不同的標準。佛法的標準就是「自己承擔，自作自受」，你起念頭要笑，你就會笑，你起念頭要哭，你就會哭。如是因，如是果，自己心起什麼作用，自己必須承擔這個作用。

人的心起一個惡念，身體就會承擔這個惡的因緣、惡的結果，人就跟它生活在一起。你有的人格、身體、關係，你隨時隨地帶著它們，這就是因果。種豆得豆，種瓜得瓜，這是宇宙運作的軌則，是所有時間、空間、時代的人都不例外的眞實道理，就是最高的道德標準。

了解心法的觀念，解決問題才有依據。沒有把問題的根源看清楚，就很難解決問題。今天心情不好，看看電視；改天心情又不好，看看電影；改天心情不好，就吃吃東西……，如果不了解一切是心所生，不能從心去練習作主、從心去生活，處理問題的方法是治標，不能治本，而且所治的是很侷限、片面的。

50 正確的知見

眞正用功，心清淨了，理到、事就到，事到、理就到。理到、事不到，就要從不圓滿的事中返照心念，而修正所知的理；事到、理不到，人愚癡，就容易走錯路盲修瞎練。很多修禪的人看似理到、事不到，修行只是口頭禪，不能到頭。

有人跟我說：「師父，我什麼都不執著。」這是因為沒有碰到境界，一旦碰到，人就執著了。說這樣話的人往往碰到人就執著人，碰到事就執著事，碰到錢就執著錢，碰到煩惱就執著煩惱，只有嘴巴講不執著，其他都很執著。眞能不執著的就不是人，而是聖人。

修行要成道證果，心中就不能有煩惱，一切都要放下，連命都得放下，何況是錢、人或時間呢？從自己放不下什麼，就知道自己修到什麼程度，這要很誠實面對，否則很容易落空，偏到一邊。心是空，怎麼會有障礙？所以心法到了，事情就會到；事情沒有到，表示心法還要加強，並沒有眞正落實心法，沒有去磨練、實踐心法。

人沒有悟道就不能說自己知見正確，就算是悟道那一刻也只是以管窺天，才剛開始慢慢建立正確的知見，還有很長的路要走。悟道後就在日常事相上面磨練，綿密地斷心中的煩惱，不斷放下習氣。心是什麼，現象就是什麼；現象是什麼，表示自己的心只到那裡。不要超越自己現有的現象去談很多理，這樣談的理是空的，沒有用。要回過頭來看看自己眞實的問題是什麼，從眞實的問題去下手努力。

我有一次到墨西哥弘法，我背著手在橋上走，同行的居士就跟我講，師父的樣子看起來很自在，很有禪味。我就問他，你想不想也嘗試看看啊？他說好。我說，你先把頭髮剃掉。他馬上講，這個不行，我做不到。這只是一個比方，但是可見人往往想要某個水果，但是不肯耕耘，沒有相對應的具體實踐。

一個禪師能夠坐脫立亡，必須在僧團或關房茅蓬裡經過多少心念的激盪煎熬，在日常生活中砥礪習氣的改換？這是長久的事情，所以修行要發長遠心。要讓自己的行爲能夠配合所學習到的知見，生活中的觀念及方式、對人對事的看法等，都必須貫徹心法，以心法爲綱領。

如果不能用佛法的知見、悟道的知見去看事情和生活，只是跟一般世間人一樣，喜歡吃的就吃，喜歡玩的就玩，喜歡看的就看，喜歡做的就做，想煩惱的就煩惱。沒有眞發心修行，縱使有類似正確的知見，就像有相似的種子，卻不管有沒有好的環境、條件，成長出來的果實就不對。發心不正確，知見不正確，努力不正確，結果當然不正確。縱使覺得自己有正知見、有道心，這樣的道心是虛妄不實，這樣修行一定成邪。

當你決定依照自己所想的觀念或方法去修行之前，最好看看歷史上哪個人是這樣修而成就的。把歷史上的典範找出來以後，還要仔細了解這個人是怎麼用功的。例如有居士跟我講：「師父，歷史上有很多不出家的居士還是修行成就啊，像龐蘊居士的成就很好。」我跟他講：「龐蘊居士家裡本來非常有錢，他把錢布施到寺廟，甚至把家財投到江裡，放下名利、人我、是非，帶著妻子、子女過著農禪耕讀的日子，你有這種魄力嗎？」

你提出你欽佩的模範，你想要他的結果，你就必須跟著他這麼做，學習他用功的精神而在日常生活中實踐。

又有人講，六祖惠能大師不認識字都可以開悟證果，但是你想，六祖惠能大師在獵人隊裡十五年，都在努力用功、修定，心保持清淨光明，更不用提他過去生的修行，這些你有沒有看到？有沒有努力這樣做？不要只看到祖師大德修行的結果，思想行爲也要朝著自己想要的模範去接近。修行必須歷經一段時間的努力，而且想法、行爲要能配合，是全方位不斷地清淨、放下、轉化、提升，這樣行爲才能配合知見、實踐知見。

51 對法的執著

有弟子問：「如果用心法的知見去看所有的事情，算不算是一種對法的執著？」

執著一個道理，跟用道理來看自己是不同的。例如一個人執著般若，也就是執著空的理，但是他的心還不到這個程度，靜坐的時候心也不能空，只是執著這個理、放不下這個理，無法依這個理返觀自照。修行人縱使是執著心性的道理，也會因爲心礙不通而起煩惱。能用心性的道理來檢點自己的人生，就能夠化掉習氣煩惱、對治我執。所以要知道是不是執著一個道理，就看有沒有煩惱。有執著必然產生煩惱，不管是執著世間事，或是執著修行的知見。

執著是一種二元分割的習氣，是一種能所、攀緣，是用自己的經驗習氣去看、去定義周遭的一切事物，所以執著空跟認識空、體會空、安住於空是不同的。當一個人執著空，就會用心造出一個空，自以爲安住在空裡。心沒有形相，人想什麼，它就造什麼，差別只在於造出的果是成熟或不成熟。

所謂的成熟是指人馬上可以體會到心所造的業，例如人起一個念頭要笑，這個果就很近、很成熟，馬上有笑的表情。如果人起一個念頭要害人，但是人可能看不到起的這個念頭的結果是什麼，因爲這個果還沒有成熟，但是這個果報已經在等候成熟的這一刻，這個果成熟的時候就是受報的時候。

執著世間事是執著，執著心法還是執著。很多修行人想成道、證果、開悟，想更深入了解佛法，這是好事，但爲什麼不能深入佛法？爲什麼修行不能進步？在世間爲什麼公司人事不協調、家庭不和諧、身體不健康？先問爲何你想要的結果不出現，然後了解什麼原因導致這樣的結果，再就眞正的原因去努力改正、放下，而不是只關注你想要什麼。先了解是什麼障礙你得到想要的結果，不把這些障礙和條件放下，不管想要的是富貴名利或成道證果，結果都不會產生。

52 學佛的目的

你來聽師父開示講法，如果不知道聽開示的目的是什麼，就像是一個軍人拿著槍、拿著很多裝備到戰場去，卻不曉得敵人在哪裡，不曉得要在戰場上做什麼。很多修行人都有這個毛病，不曉得修行要做什麼，縱使知道修行要做什麼，但是所做的跟修行不一定有關係。

誦經、打坐、拜佛、懺悔、發願，這些是在修行的範圍，但是做這些不一定算是修行。學佛是一個工具、手段，用世間話講，藉著學佛的觀念，讓自己的生活變得更好、更自在、更沒有煩惱。用佛法的術語講，學佛就是要成佛、解脫、成道、證果，就是離開輪迴、苦，離開煩惱、執著、雜染、妄想，能夠自利利他。

很多人不曉得學佛要做什麼，今天學大乘禪宗，學一段時間後覺得參禪開悟很難，就改學淨土，認爲仗著彌陀的願力往生西方極樂世界比較簡單。修淨土一段時間之後也沒有著落，信心、願力不夠，又想修南傳的法比較科學，講究在哪裡打坐、坐多久、怎麼坐。修南傳一段時間之後又覺得好像力道不夠，覺得持咒、灌頂、觀想很有力量又很殊勝，於是又轉學密教。

學密教一段時間後，心還是不夠踏實，聽人家講修行要先知道正知見，要知道大方向怎麼走得先了解地圖，否則一個人盲修瞎練也不知道往哪裡走，聽到人家這樣講，因爲心不能安住，得找一個東西來彌補空缺，於是又開始學經教。不同宗派有不同宗派的教法，顯教就有唯識、天台、華嚴，任何一個宗派的理論都是很深很廣很遠，到底要學哪一種教又是一個問題。

你如果這一生能夠堅持四處參學、廣學多聞，不斷學習到老死，基本上算是學了不少知識，但是你有多少時間學？這樣學的目的又是什麼？佛法的教法很多、典籍很多，世間也有種種觀念，神權主義、帝國主義、共產主義、資本主義……，這些都是一種系統、方向，都是爲了讓人活得更好更圓滿。但是要知道，不管哪一種教、哪一種主義，基本上是人在學。如果人不練習放下自己的妄想執著，學習再多的知識學問、理論制度，最終還是無法導入正途，還是無法讓人得到這些理論制度的利益。

要知道自己的時間有限、精力有限、智慧有限、福報有限，如何在種種限制下眞正學、眞正進步？許多學佛的人都有一個共同的毛病：知道的多，做的少。好比問一個人會不會開車，他說他有駕照，有駕照並不代表會開車，正如同你讀過佛經並不代表你會修行。修行眞正的目的是讓心能夠作主，讓心沒有煩惱、執著，能夠眞正解脫。你很用功地誦經、拜佛、打坐、懺悔、發願、讀經、讀教，如果沒有破掉自己的執著，就不能達到學佛的目的。

在禪宗來講，只要心有煩惱、不能安住，就已經是錯了，不用再說你修行多久、多好。要讓心沒有煩惱，能夠穩定安住，必須花一番洗滌磨練的功夫，經教就是告訴我們怎麼做這件事。修小乘法、修大乘法，修三十七助道品、四正勤、四念處、五根五力、七菩提分、八正道，所有法門都是因爲人的心不能空、不能清淨，心不活潑、有障礙執著，沒有智慧、福報，所以藉著種種方法來對治、洗滌自心，讓心能夠放下執著煩惱，眞正解脫、自在、成就。

53 修行的究竟結果

心執著的染淨、深淺、廣狹不同，修行除去心中垢染後顯現的清淨、智慧、願力、福德、慈悲、戒行程度不同，所以修行會有不同果位。修行的結果雖有不同的層次，但最究竟就是心完全清淨、無我、解脫，能夠起種種無量方便，應一切有情所求而度化提升。

心不但是空，而且能夠有一切有。能空不能有的心是偏一邊，不夠圓滿、究竟。唯有先空才能夠清淨地有，心未達到清淨、眞空而起有的作用，一定是無明、染著，一定是生死習氣的業。起念頭不清楚，不知道念頭相應的因果會落在哪裡，就沒有能力起方便作用去救度、相應、接引眾生。

沒有達到究竟的空，就不能從究竟的空生出解脫的有，也不能應眾生所需而示現應化出一切方便，就無法達到最究竟的應化—無遮的應化。縱使證到四果而解脫生死，心可以達到眞空，但還不夠究竟。

好比有一個空間，一般人不知道這個空間在哪裡，更不了解這個空間的特質，證到果位的人則是可以知道且進入這個空間，但是對於空間中擺設的能力與自由度還不夠。心雖然達到眞空，但是起作用還必須透過某種習慣的架構、模式，還空不掉這個起作用的模式，就是還不究竟。佛則是心達到清淨、圓滿，沒有什麼起作用的模式，他要怎麼作用就怎麼作用，念頭一起，虛空裡的十方法界馬上隨之變化而成，自由度達到最究竟，一切隨心所現，應化十方沒有遮障，這才是修行眞正究竟圓滿。

有居士對我說，人的執著實在很多。我就跟他講，人最難放的執著就是執著自己所想，人不得不這樣想。他聽了之後覺得很有道理，其實他覺得很有道理還是他自己想的，他並沒有離開「自己心生出什麼、就信什麼」。

人的心不空，無法破掉執著，就不能自在。菩薩的心可以空，但還在練習達到完全沒有作用的模式，也就是在練習心的自由度，讓心起作用的自由度沒有遮障，起作用的範圍能無限大、無限廣、無限重疊，這稱爲化掉塵沙惑。一般人心裡有執著、有我，心起作用的模式很僵化，不得不這樣看，不得不這樣想，這是人的困境，也是人存在的事實。

那麼，在修行達到究竟之前，修行人應該要如何努力呢？

在你的生命達到最究竟之前，你留在法界中的印記是要收拾的。你心起作用的模式以及心起的作用結果，無論是過去、現在、未來所產生的，都是法界的印記，這些痕跡如同鏡子上面的灰塵，若不擦掉，必然會影響鏡子的清淨與光明。人們講「凡走過必然留下痕跡」，法界的痕跡烙印是一定要收拾的，因爲這些印記是形成業力與業果的主要因素，這些印記不除掉，人就永遠受其影響而不能自由、不能解脫自在。

既然是自己的業力與業果，就不是你能說要或是不要。很多人覺得活在世間的目的就是活得健康、快樂，但是想想，活得再健康、快樂，終究要死掉，自己一生中有沒有做一點利益眾生的事情？有沒有將這一生做更實際、更廣泛、更有利益的運用？如果沒有，就只是消耗自己過去的福報。若只是追求名利財色而度過一生，這樣的人不過是比較知道享受、比較有想法的一種動物。

一點都不著力在精神修持上面，生命就完全受業報牽引。所謂借假修眞，就是以自己有形有相的所有，包含身體財富、心念知識等，提升自己的精神層次。物質和精神是不可分，物質是精神的具體顯現，而精神卻是物質的內在意涵。人有物質生活，更要有精神生活，一般人到了中年，事業與家庭有成就，此去的歲月就是在道德的成就上論高下了。古人講「衣食足而後知榮辱」，這榮辱的內涵就是精神道德。

一般人在各方面，不管是學習、工作、家庭生活等等，花了很多時間，同時也起很多煩惱執著、障礙是非。因爲心沒有達到空，起作用就要收拾反作用的後遺症。自己所造，自然是自己要承擔。所以修行人要把自己生命做更大的運用，應對周圍的人有更大的助益，最起碼要對自己有所貢獻。這一生能夠提升、活得有意義，才眞實會有福報、智慧，否則把時間和能力花在享受、健康、快樂，等一切過去了，想想實在沒有得些什麼，也不能活出生命的光明。「萬般帶不走，唯有業隨身」，只有這句話能形容這一生的功過。

佛菩薩留在法界的印記是慈悲、光明、願力、智慧，哪裡有衆生，那裡就有接引的方便。檢討自己一生中利益多少人？對不起多少人？做錯多少事？做對多少事？這就是你在法界裡留下印記的一小部分。無論留下多少，都會影響自己，都是要去處理、提升、轉化。人不是只活這一輩子，從過去生到現在，留在法界的印記或稱為業、業力，所謂三世因果不饒人，若沒有處理好，無論你走到哪裡，生命都會受到這陰影的影響。若這一世不知道要處理問題，又積累出問題，就增加未來的負擔，所以當下就必須努力處理。

很多人講，我的思想是受到父母的影響、師長的影響、朋友的影響……。這些都不管，你會這麼想是事實，誰影響你已經不是那麼重要了。這些理由不能幫你，就像你現在長相是這樣，講任何理由都沒有用，它就是如此，你必須跟這樣的自己生活一輩子。這是業報，是自己所造，這就是所謂的承擔。不看清這個現實，從中改變提升，人就無法進步，永遠在困境中打轉折騰。

【第四部】示正行

54 修行的大方向

依佛法而修行就是大方向，不離開「心生一切法」的思想主軸而修戒定慧與六波羅蜜，是爲正修。若以人的身體來比喻，心法好比脊椎，戒法好比骨骼架構，規矩和善法就是肌肉，布施、忍辱、精進、禪定等則是氣血臟腑。脊椎、骨骼、肌肉、氣血臟腑，這些缺一不可，否則就不成爲人，所以修行不能偏廢任一邊。

用功要有正確的知見，要有戒行，還要有規矩，依佛法的經典、戒律、祖師論述、儀規儀軌等去精進、攝心，了解其眞義。就像人需要吃很多不同的食物才能吸收到不同的營養，不能偏食，不可光想要養分而不吃食物。

有的修行人或外道諸衆只在知識上了解佛法，侈言佛教及其規矩傳統是框架，自己行證不足，完全以歷史文獻資料而定是非，執一非他，摒棄一切儀規戒律等相，不知佛門規矩的眞正用意便大肆批判，不知戒律、不識因果、不行正道，不知諸佛菩薩應化的願力無窮、隨方示現，不知法界深淺，便示人以判教深淺，諸如此類皆是謬誤。

如同人不能光吃食物卻不吸取養分，但有一班學佛修行人只專注於經典戒律等相，不求其眞實意義，不能從事相譬喻上了解理之所在，不在心法上契會，執事迷理，著相而修，於不覺中必然偏重感應神妙，致使道業荒疏偏差。修行要事理並重，就像飲食要均衡，不但要吃對的食物，還要吸收到眞正的營養。不同營養提供身體不同的幫助，就像不同的事理薰修鍛鍊才能讓修行達到圓滿。

一切法是由心所生，心是一切法的根本，心清淨就是佛現前，心法是佛法的精髓，是佛法的脊椎。三藏十二部經典以及佛教傳統的儀規律法所要闡述的精義不離開心法，不離開認識一切法的源頭就是心，但是光有脊椎而沒有其他骨骼，人無法站立。修行人受三皈依、五戒、八關齋戒、在家菩薩戒，乃至於出家後受沙彌、沙彌尼戒，比丘、比丘尼戒、出家菩薩戒，這些好比從腳到頭的骨骼，骨骼才能撐起身體。光懂心法而沒有戒行，沒有事上的行持鍛鍊，這樣的修行人就像一條大蟲，只能在地上爬來爬去，無法站起來。

很多人認爲學禪就是自由自在，不必綁手綁腳，所以想吃什麼就自在吃，想做什麼就自在做，不要拘束。這些是放縱，不是自在，是對禪錯誤的認識。習禪首要是清淨心現前，既然是清淨心現前，就沒有這些世間習氣染著等事。很多人很羨慕禪師的開悟、自在、解脫，要知道禪師是出家人，要守很多戒，要用功、讀經、參禪破除執著習氣，層層除垢才能上上增進，一生不斷做收斂安住的功夫。

心必須大死一番，無所求、無所染，才能得眞自在。一般人是有得吃就自在、沒得吃就不自在，聽好聽的話就自在，聽不好聽的話就不自在，這是有條件的自在，是習氣不覺的自在，不是心清淨無我的眞自在。一般人只取自己所要，不能接受自己不要的。想要開悟、成道、證果，但是該用的功不做，好比要蛋不要雞，要蜂蜜不要蜜蜂。

做一切事情都是心法的體現，煮飯、掃地、走路、講話、打坐，一舉一動都是心的作用。如果做得不好，就是心有執著障礙，這很明白。任何事情做不圓滿只有一個原因：心有遮障、心有毛病。有人只想要成佛，但佛有三十二相、八十種好，這些你有沒有？沒有就要學，從心去學，不是從外表模仿。

學禪宗的人容易心高氣傲，整日盤桓心所生法，未嘗證空，不務實際行持鍛鍊，認爲只有心法最重要，其他可有可無，問題是自己還不到那個境界。用「一切法都是心所生」的道理收斂心所生出的習氣，就能有戒、有規矩、有威儀。

修行是以心法為脊椎，依戒為骨幹，而律儀就像肉，肉是長在骨頭上面，這些收斂的規矩如果不拿來收斂習氣，就只是裝裝樣子、做做表面功夫，對實際破執一點也不受用。規矩能幫助人收斂習氣、鍛鍊心法，藉此改正不圓滿的習氣和執著，所以穿海青、縵衣、袈裟可以收斂，排班上課聽法可以收斂，就跟打坐用功收斂習氣一樣，事相上的莊嚴收斂有助於讓心不打妄想、不攀緣馳求。

一個人心真正平靜、自在，規矩威儀也成自然。最大的規矩就是自然，就是因緣果報，就和春天花會開、秋天月更明一樣的道理。當一個人心清淨無我、有正念，自然就有威儀戒行，自然有智慧慈悲。人心中的煩惱、習氣則是四季不分，該收斂不收斂，該用功不用功，不該有的煩惱又放不下，眞是風不調、雨不順。

收斂讓人的心能夠平靜、清淨，不僅靠靜坐參禪等方法來收斂，也要在行住坐臥中練習觀心返照。不收斂習氣執著，縱使參禪靜坐、念佛持咒，讀千經萬論，終將功虧一簣，不能解脫成就。好比一個水壩築得很好，但是有一個缺口沒有堵好，將來就會潰決。

修行人如果光知道心法好，卻不用功精進，氣血就沒了。能收斂習氣，心平靜、清淨就容易契入心，好比人氣血流暢就健康，人的氣血上不來就動不了。從凡夫這一岸到涅槃那一岸是要實際踐履的，不精進是不行。

行住坐臥沒有規矩和威儀，空談自在無相，這樣的修持到最後必然落空。參不透禪宗的心法，空談大道理，對財貨貪吝不捨，不行善法，見人布施、持戒、誦經便說人著相，如此今生修持福報沒有增長，心散亂馳求。光有一點心法知見，沒有骨骼、肌肉、氣血，將來要生爲一條蟲嗎？

這樣六道輪迴中必然有分。

55 精進不退

修行的過程中，如何保持精進不退？

首先要受三皈依、五戒，履行十善，再來要研習經典，並且履行靜坐參禪、念佛持咒等加行功課。生活中要觀心返照、收斂習氣，在心地上刮垢磨光。不可東尋西覓，一切病毒從心而起，一切藥方也在自心，解鈴還需繫鈴人，自己造業自己解脫。

知見正而後染緣斷，方可精而進，切忌相上求、感應求、神通求、他人求。唯從自心做起，直下承擔，面對自己的習氣以除垢病，心明垢淨則現一分光明。至此相應一分佛法、增長一分信心而必精進參究，待明心見性，徹達心源，安住眞性。安住即精進，本心現即不退，功成果熟性德全顯，至此方能眞不退，餘者皆爲途中方便棲所，非眞寶所也。

人的價值觀決定一個人會怎麼做，觀念不同，行爲就不同。不調整價値觀，想要改變什麼都很難。修行學佛的人或是想要過得更好的人，當然要學習正確的觀念。端正知見是修行首要，要專心研讀關於心性知見的經典。先知道佛法講的究竟理，把這些理放在心裡薰修醞釀，唯有心中有正知見，行爲才能依理而做，才能眞正得到佛法的利益。

祖師講，知道有生死的人就忙著了生死，不知道有生死的人就忙著造業。知道生死事大，想要了生死、證果、離苦得樂，自然就有動力。好比知道得某個病會痛苦而死，當然會趕緊去治療。人因爲不知道因果、業力的危害甚鉅，就胡作非爲。所以修行先建立心性及因果等正確知見，以正確的知見爲生命的思想主軸，在行爲中實踐心性知見。想要了生死、度衆生、承擔如來家業，道心增勝，習氣漸除，我執慢慢銷融，才能精進不退，光知道佛法的道理卻不實踐是沒有用的。

人在什麼樣的環境，自然會受到環境氛圍影響而薰修出相應的觀念行爲。在佛的僧團裡面成道證果的人就多，在市場裡的殺念、雜念、生死染業就重。雖然不是說浸淫在市場貪、嗔、癡氛圍的人不能成道證果，但相較之下想要在今生成道的困難度很高。染緣不除，必然心力分散而無法精進，若是我執習氣不除而精進者，必然成外道邪魔等衆。

56 修行不進步

若修行一段時間了，好像沒有明顯的進步，應如何做才能突破呢？

修行是要化掉心中的煩惱、執著，否則不會進步，這是關鍵。很多人自稱是修行人，有一些佛法的知見，了解一些佛教的儀式，但思想的根基還是自己的我見、我執、我慢，這樣修行就不會進步。

養一隻牲畜，牠會長大，但是養一顆石頭，它不會長大，石頭就像人的固執。正確的觀念知見沒有眞正入心，心的執著無明就不自覺地將它排斥掉，好像有聽到，但就是沒有入到心。好比皇帝被賊人關在城裡，有個將軍從四面八方領軍要攻入城裡救皇帝，但因爲城牆堅固和敵人防禦緊密，就無法突圍進入城中。佛法的各種宗派法門和觀念知見就像將軍率領的各方部隊，城牆和賊兵的頑抗就像自己的執著。

法入不了心，必然用不出來，若知見無法體現在日常生活中，知見入心的程度就不夠深，只是表面功夫。懺悔要眞懺悔，用功要眞用功，發心要眞發心，像禪宗祖師講：「從頭到尾，沒有一點委曲相。」所知的心法能直接、清淨、無我地顯現在日常生活的點點滴滴，沒有扭曲、沒有內外、沒有人我，清淨無染。

一般人用功不夠眞切，就會像久攻一座城池卻攻不下來，人員傷亡、糧草用盡，就退兵了。很多人學佛是要開悟、解脫，但始終克服不了習氣、執著、煩惱，始終在執著的相上打轉，比較法門宗派的高低，經典的深淺、眞僞，著相學習佛門儀規戒律，名利不除而看似行菩薩道，念佛、參禪、持咒、觀想、習定，但卻轉不了自己的一點習氣念頭。這些對修行、對心性的清淨和提昇幫助有限，當然不會進步，甚至會因爲知見錯誤、行持偏差而造出更多的惡業。

修行人若不眞正面對自己的人格缺失，不努力破除自己的習氣執著，當然不會進步。想要用功，也做一些努力，但就沒有眞心去看習氣、改習氣，當然不會進步，就像家裡髒的地方不看不管，雖然每天都在髒臭的環境裡生活，還是不想徹底找出髒臭的來源，只是表面上擦擦灰塵、掃掃地，看似有在清潔，但是根本不用心、不徹底，不清潔的地方就一天天變得更髒更臭，這髒臭就逐漸變成這間房子以及家人更重的累贅。

很多修行人對自己的問題視而不見，只在經教理論或儀規法門上用心，沒能眞正除心垢、破我執習氣，所以進步有限。表面看來很精進，但不是眞正從內心做，一方面人世間的煩惱、糾紛、困境又揮之不去，人就疲憊而起退心，就講佛法不靈驗、修行沒有好處。普遍來說各種宗教都有這樣的情況，都有這樣的修行人。

宗教不是避風港，宗教傳達的不是推卸責任的觀念，是告訴人怎麼提升自己的生命。決定信宗教的人是自己，決定不信的人也是自己。決定用功的人是自己，決定不用功的人也是自己。煩惱是自己的事情，解脫、成道是自己的事情，跟佛菩薩有什麼關係？跟宗教有什麼關係？沒有關係。

如果用功一段時間沒有成績，心中自然很煩惱，但是你心中的煩惱執著會因為你不學佛而不見嗎？人信什麼、不信什麼是自己決定，怎麼做、做出來的結果也是自己要承擔。修行不是心靈嗎啡，也不是避風港，是生命的提升實踐。心要真，真就是心不扭曲、面對自己。物質世界是心靈的一面鏡子，面對困境要返照內心，一切問題的根源都在自心，看清楚自己的問題，從自己的心去找到問題的答案，找出真正的解決方法，把內心的執著放下，勇於承擔、修正錯誤，不這麼做就無法進步。

57 放下習氣執著

修行人通常聽聞過很多佛法的道理，但是由於自己的執著障蔽智慧，就看不到這些理，而在自己的執著裡打轉。佛法的道理就像一條條垂到井裡面的繩子，在井裡的人就試著挑一條繩子爬爬看，爬一段時間覺得累了，又下到井裡歇息。等到有空又想爬了，再挑一條繩子爬，還不到井口又沒力氣了，又掉到井裡面，就這樣在精進與退轉、知見與無明、看破放下與我執煩惱、堅持用功與習氣惰性的拔河進退中度過一生。

雖然很清楚佛法的道理，但心有執著就不能解脫。誦經、持咒、懺悔、拜佛、發願，這些是工具、方法，想要成道解脫，至少要先做到表相上的精進用功。就像一個工人連工具都還用不熟，甚至沒有準備好做工所需的工具，那他能完成多少工呢？而有完備工具的人若不是真正在工作，只是裝個樣子或是摸魚偷懶，抑或是成天與人比較工具好壞，縱使有很多好的工具也無法完成工作。就像修行人雖然表相上用功精進，但不破除心中的執著垢染，用功的成效就很有限。

很多人修行一段時間後就退失道心，覺得菩提路很遙遠，修行很困難，就隨業度日，甚而放棄或鈍滯修行。久而久之因果更不清楚，智慧更不開顯，習氣更加嚴重。若眞想用功，先問自己：我一天念佛靜坐幾支香？背誦多少經咒？守持多少戒？依佛的教法改掉多少習氣？布施多少財力？身、口、意三業是否嚴謹不犯？如果連表相的努力都沒有，更不用談轉化內心的執著習氣。

以前紫柏眞可禪師參禪參到頭跟臉都腫起來，無門慧開禪師打坐的時候打瞌睡，於是他就站著參，還是打瞌睡的話就用頭撞柱子，讓自己清醒，釋迦牟尼佛曾經日食一麻一麥修很久的苦行。這些是古人用功的典範，想要解脫，想要修出成績，就看自己做多少、用功多久。

井裡的人想看井外的世界，就像修行人想求解脫沒有罣礙，想要沒有煩惱執著，想要了生死。佛法的繩子已經垂在井裡很久了，是人自己不好好爬，累了就放棄，過程反覆且辛苦，每次都因爲不能一鼓作氣、堅持到底而功虧一簣，就無法看到井外的世界。像有人修行很用功，打禪七很專心，但是回到世俗間又開始做自己習慣的事情，當然又迷掉。不是學佛參禪不靈驗，是習氣不容易改。所以古人講，修行好像要出千尺深的井，必須有魄力、專注力和堅持的耐力。

58 心不穩定

「心容易不安，到底應該怎麼做才能安心？」

這是一般人常問的問題。心要穩定必須有智慧、定力去破除對相的妄分別與執著，看穿事物的本質是空、無我、無自性，一切萬相隨心所現。心雖是空，但心能緣起而現出一切法，不同緣起是心的不同作用。心緣起出一切法時，心知一切法，但心仍是本空不動，不隨境轉、不隨相轉，唯有知道並實踐這個道理，心才能不動，才不會隨現象的變化而起伏不定。

心空不動的道理，就像是一杯甜的果汁跟一杯苦瓜汁都有水，水代表心、代表自性。作用在哪裡，心就在哪裡，作用是千變萬化，但是心能起作用的能力隨時都在、隨時都清淨，它是平淡無味。人感覺很快樂的時候就像喝甜的果汁，但是他無法嚐到果汁裡面水的平淡，於是就隨果汁的甜而起高興的情緒。喝苦瓜汁時，人也喝不到苦瓜汁裡面水的平淡無味，而隨著苦瓜汁的苦而起煩惱的情緒。這些液體裡面都有水，就像任何現象裡都有心。不認識心的本質，人就隨苦而苦，隨煩惱而煩惱，隨現象而攀緣，心就不容易安定，著相是心不能安定的最大原因。

心可以起無量無邊的不同作用，作用是心當下呈現的味道，但是心本身是無相無味。心沒有形相，但是心可以現出男眾相、女眾相、煩惱相、執著相、佛的相、眾生相。人必須體會到自己平淡無味的心，破掉執著，把相看破而放下，了解平淡味中體現出甜、知道甜的，跟體現出苦、知道苦的，是同一種平淡。

方便講是同一個，究竟講是同、也是不同。如果知道甜的跟知道苦的是同一個，心就是死東西；如果知道甜的跟知道苦的是不同，那就有兩個心。所以不是一個，也不是兩個。心不在數字，無相超越數字，這必須自己用功才能體會。

一層一層剝去心裡對相執著的習氣，眞正破除對事物、人我的妄想判斷與分別，就能提升進步，心就能慢慢穩定下來。人的看法不是佛菩薩的看法，人的看法是有缺陷的，不是眞理。眞正的理超越方位、種族、時間、空間，但是人會相信自己的執著判斷，不由自主地用我執看一切、判斷一切，這個力量甚至大於所信仰的宗教。

人遇到困難時做決定的不是佛也不是神，是自己。想怎麼做是自己的判斷選擇，所以自己的觀念要能夠突破提升，人生才會進步圓滿。人要提升的空間很大，但是人不清楚的執著力量更大，人需要化掉的我執習氣超越自己所想像的幾千億萬倍。世間什麼最大？我最大、煩惱最大，人一旦煩惱，什麼都不管，六親不認。

有人跟我講他要解脫，我問他，你打坐用雙盤、單盤或散盤？你一天坐幾支香？你該改的習慣有沒有改？表面上該做的都做不到，怎麼能放下心裡的東西？好比寫書法模仿王羲之的字，字都寫不像，怎麼可能有王羲之書法的精神？所以說要學佛、成就道業，如果佛、祖師的行爲都學不像，更不可能了解佛、祖師的心。

大部分人的修行都是戲論，談談經典、公案，不是眞正從內心轉化習氣，把學佛或佛法中的宗派、法門、經典、公案變成談話的材料，就像導演一齣戲，劇本雜亂、演員選錯、經費不足，連一齣戲的樣子都沒有，怎能賣座得獎？

其實很容易判斷一個人的心是否眞誠，心經常混亂，容易隨境界現象的變化而心情起伏的人，心絕對不眞誠。常言道：「易漲易落山溪水，易返易覆小人心。」水清則魚現，如果心經常起伏、煩惱，很多人我是非，因果曲直就分不清。就像一池髒水不可能清澈見底，就無法顯現心水的平淡、寧靜、智慧、穩定。你是隨著淡而淡、鹹而鹹、甜而甜、苦而苦，還是知道鹹當中有平常味、苦當中有平常味、甜當中有平常味？嚐不出平常味，一定是隨著酸甜苦辣起伏，心不會安定，就不是眞修行。

59 人生的障礙

一般人遇到困難就會東想西想、心神不定，到底該放棄、還是繼續？要做、還是不做？人經常碰到這樣的疑惑，這時就要看自己的想法是依據科學醫學的道理？依據家人同事所講的？依據經驗書本？還是依據自己憑空想像的？再問問自己若眞依據這些觀念去進，是否眞的能進？依據這些觀念去退，是否眞的能退？答案是不一定。

世間人的觀念是相對的判斷，不是絕對的眞理。古代君要臣死，臣不死就是不忠，這是對或錯？過去是對，現在就不對了。古代很多婦女綁小腳，當時人認爲不綁小腳走路不好看，只有做粗活的女性才不綁，如果現在的人綁小腳，豈不是被笑話了？所以歷史上的對和錯，東西方的對和錯，民族間的對和錯，都沒有眞正的標準。

現象之所以如此只有一個根本的道理，就是心所生。碰到困難要知道收斂到「所面臨的一切是我的心所造所現」，提升才有依據，否則就進也不是、退也不是。人的觀念是二元、生滅、善惡業夾雜，不是現象呈現存在的根本原因或理則。若不是用絕對的眞理去做，進有對有錯，退也有對有錯，無論進退都有其後遺症。

假使一個人身上長膿瘡，可能醫生會講，長膿瘡是因爲有內火，其實內火不是眞正的原因，只是一個生理上的方便道理。有的人也有內火，但不一定會長膿瘡，因爲人的業不同。內火從哪裡來？從肝臟來？從其他內臟來？到最後發現是心念所造，心起作用並呈現出火而造成膿瘡，所以一切不離心。要處理膿瘡的問題，是要用藥治標，但是也要從病源著手。

一切病都是心病，心有不同的執著錯誤，就有不同的病相應而生，了解心起什麼錯誤作用而呈現這樣的問題現象，去除根源才有辦法眞正解決問題。修行學佛要深刻了解並運用心生一切法、心造一切業的道理，人生的進退才有正確的依據，否則不但現實生活很辛苦，也會拖累修行。

60 面對困難

我經常跟學生講，不管你很努力或很不努力，你這一生努力的綜合，就把你變成你現在的樣子。你說你很努力、很苦、很煩、很幸運，這些是形容詞，事實是你所有的條件讓你呈現出你現在的樣子。應從事實來看自己心的作用方向爲何，因爲心的作用方向如此，事實才這樣存在。人已經在心裡建立自己的思想、形成自己的人格，多數人的思想、人格是被動，心因不覺、隨境轉攀緣而生出一切法。你看到某個人、某件事會有某種相應感受，但是你不曉得會看到這種人、這種事是自己造的。

循著定義追逐自己造出的環境條件，是不清楚因果，不清楚自己身在何處，不清楚自己爲何在此。我現在正在講，大家正在聽，你用你的思想來判斷我說的話，你可能會講：「開示是見仁見智。」這個講法的層次還差很多。每個人都能有自己的看法，人會依於他的看法而相應他的現象，而有不同程度的苦。眞理不是見仁見智，「每個人都有見仁見智的能力」才是眞理。所謂的見仁見智是膚淺的理，眞理一定是普遍、共通，沒有例外，見仁見智的觀念則是片面、狹隘的。

當人有一些難處，這些難處不管是在身體、環境、人際關係或財務，都是跟自己心相應而出現的。要放下問題、困境，重點在於自己的心不要這樣造。不要讓心不清楚地造出問題、困境，就要加強清楚度。學生經常問我，怎樣可以不生氣？只要你不起生氣的念頭，你就不會生氣，這是最直接的答案。心起什麼作用就有什麼現象，不要這個現象，就不要起這樣的作用。

思想人格是什麼，就有什麼困境，這是完全吻合的。要解決困境，必須解決人格問題，也就是必須修正心起作用的方向，加強心的清楚度。打個比方，很多父母親希望子女要這樣做、那樣做，我常講，你用你的觀念教育小孩，你小孩長大後的情況或許就像你今生所遭遇的一樣，那你要不要？你可能不要哦。所以修正自己的思想要回到心生一切法、回到讓心作主，不是回到父母親的看法，不是回到世間約定俗成的看法，回到這些是解決不了問題。

人的世界有人的世界的問題，豬的世界有豬的世界的問題，再高的理論都解決不了豬的問題，因爲牠已經是豬了。同樣的，再多的觀念還是解決不了人的問題，這些不是思想要靠攏的地方。有人會講，這個宗教講什麼、那個宗派講什麼，要往這邊靠攏。要仔細：你靠的東西是對或不對？

很多人特地買有機食物吃，但還是生病，因爲他要吃有機食物的想法是源自恐懼。有機食物是外在的東西，心念是直接的呈現，所以心裡帶著恐懼去吃有機食物或健康食品，人並不會健康。心中有恐懼，所生的結果就跟恐懼相應。也有人講，誦地藏經可以消業障，往這邊靠攏還可以，但是這種靠攏是處理現象，根本還是得回到心生一切法。

在西方每個人必須回到上帝那裡，否則生命就不是永恆，就有苦、有審判。佛法講要回到心，沒有回到心，心不能作主，就在現象中打轉、輪迴。找到自己的心、安住自己的心、運用自己的心，這是最高的理，靠到這個觀念，修行才能落實。

61 法喜充滿

以前我花很多時間在大學教學生和教授打坐以及佛法，常有人問我，社團人不多，怎麼帶好這個社團？如果領頭的人很用功精進，社團就有人來，來的人也會用功精進。很多社團常舉辦慶生、吃火鍋的聚會，這種場合來的人很多，但用功打坐就只有一、兩個人。道場也是一樣，如果道場常以世間事為接引方便，來的人就是喜歡世間事的人，要讓這些人提升不是不可能，但他們可能有很多藉口不能用功，因為用功是要面對自己，是一件苦差事。

如果有人講用功很快樂，這必須用功修行到煩惱漸離的程度，慢慢離苦後，樂才會慢慢現。很多人學一點佛法皮毛，逢人就說學佛很好、誦經很好，自己卻是一身煩惱。或是故作姿態，自我催眠，習氣我執不除，散漫過日，仗著過去的福報，好吃、好喝、好睡、不思精進，等到大病一場、災難一場後，方知自己浪費光陰福報，何嘗真正用功。

仔細檢點一般學佛人所謂的法喜充滿，盡是平日裡上上館子，作作美容，跑跑道場沾沾佛氣，略作布施印經，法會經懺消災，比較各個道場，講講僧家是非，聊聊宗派得失，數數世間恩怨，自我欺瞞，以為學佛，以爲快樂，以爲法喜充滿，實則苦惱熾燃，受殃有日在。

打坐不到能降伏妄念的程度，對心性的體會還未找到清淨心，要看清並面對自己的煩惱並不容易。學佛的人覺得自己學得法喜充滿，大部分是一種假象。今天去一個團體研究唯識，改天去一個團體禪坐，再改天到另一個團體學插花，再改天持咒或拜懺，覺得自己學很多、懂很多。這些還不算修行學佛。

爲什麼講修行是一件苦差事？要吃素，要花時間打坐、誦經、拜佛，最難的是面對自己的缺點，承認自己行爲不好、心念不好。要把心洗滌得乾乾淨淨不是簡單的事，也不是快樂的事。面對自己的問題就像要將皮膚跟肉分開，是會痛的。不好的念頭起來，要對治它；行爲習氣起來，要對治它。自己人際關係不好，要做的不是對治別人，是對治自己的習氣和不圓滿。眞正的修行人對自己是很嚴苛的，不是對別人嚴苛。

剛開始修行還在努力除去心中垢染，還不到法喜充滿的時候，就像人在創業期間很難有快樂或享受。眞正想修行的人，如果有人指出自己的盲點和毛病，剛開始會不舒服，但卻是值得快樂的事，因爲修行就是要看到自己的盲點，能知道並且面對自己的盲點，就表示要進步了。好比你認爲你把家裡打掃得很乾淨，有人指出牆角沒有打掃乾淨，你可能會不舒服，但是你要想：「幸好有人看到告訴我，否則這個地方就繼續髒。」不這樣看，人就因循苟且，也不知道問題在哪裡。

修行最難的就是看到盲點、改進盲點。俗話講，他山之石可以攻錯；見賢思齊，見不賢內自省。能找到盲點，才有辦法去除它，心量才會變大，習氣執著才能除淨，智慧福報才會增加。

至於修行會很快樂的說法，並沒有一部經這樣講過。在佛經裡，佛講經之後，十方法界的衆生聽到佛講的道理，返觀自照得法眼淨，心變清淨或是解脫證果了，這樣而法喜充滿、歡喜合掌、信受奉行。要能法喜充滿，必須先信受奉行，沒有信受奉行，又何來值得歡喜的成果？所以一般人講修行要很快樂，這是不下苦功夫而以訛傳訛。

62 修行的基礎

「修行人要以自己現在有偏差的思想基礎去用功，但自己基礎還不眞，要怎麼樣走修行的路？」

自己認爲的眞不一定是眞，自己認識的假不一定是假，這是一個普遍的問題。雖然你的心還不是眞，不曉得什麼是眞正的智慧、眞正的慈悲、眞正的放下，但是你先依佛所講的從基礎做起，心練習起善念、起慈悲、放下執著。自己看不到的錯誤要練習看，不想做卻該做的要練習做。能夠做的要做，不能做的就慢慢可以做。現在能做的不做，不能做的是永遠做不到。

不知道什麼是眞慈悲，至少可以努力做到待人和氣、不要煩惱、不講別人壞話、心保持平靜。我曾經在一次演講裡說，眞正修行的人會自己找路走，自己會主動地用功提升。有人就問我，修行怎麼修？哪個方法是對？我就打個比方，一個人坐在椅子上，椅子下面著火了，你應該不會問師父說，我要不要離開座位？不想離開表示受的苦還不夠，心還不夠眞誠。如果心眞誠急切，不會不想離開，想離開就一定有辦法。

如果你不想破除自己的妄想執著，雖然三藏十二部經典不離身，每天放開示錄音帶，都沒有用。如果你很想要買一部車，你會不會省吃儉用努力存錢買？你會。所以沒有眞實的道心、切心想離苦得樂、了生死，修行就不會主動積極，改變也很有限。

雖然你現在的心還不是眞的清楚，不能眞正分辨眞假，但是依據佛所教的三皈、五戒、十善去做，心有善良、慈悲、定力，少煩惱、少執著，有心想要提升進步，慢慢學，自然會有相應的法界。有人問我，什麼時候好的老師會出現？我回答，你只會找到和你業相應的老師，當你有眞正的道心，不是想走旁門左道、邪道、外道，心很正、很誠懇、很想學，你眞正的好師父就一定會出現。

63 靜坐聽音樂

在西方國家很多人靜坐時會聽音樂，稱做禪修音樂、放鬆音樂、心靈音樂等。靜坐是要讓心平靜，心不平靜的原因是因爲心依靠現象而起念的習氣太久了，當自己的心在一定的環境條件裡就不受控制、作不了主。心依靠心所生出的現象而起念，就是所謂的攀緣，心的攀緣讓心作不了主，不能定、不能靜。

靜坐的方法很多，就像讀書有幼稚園、小學、中學、大學、研究所等不同層次，如果一個人心情不好，坐下來聽聽音樂，心境確實會比較沉澱，但是這樣的效果有限，因爲依靠性重。作不了主的心像火山不斷地冒出岩漿、熱氣，如果用大湯杓去舀或用大風扇去吹，有沒有效果？也許有一點效果，但是效果不大。

心生出煩惱，根本問題在於心不定、心作不了主。人看到不好的，心就起不好的感覺，聽好聽的音樂，心就起相應的柔軟、平靜，但這種依靠不是根本解決問題的辦法。人在很多時候都會心情不好，那是不是要隨時聽著音樂呢？更何況心依靠音樂，能夠解決問題的範圍很有限，無法眞正銷融內心積存的執著、攀緣的作用力量，有時聽音樂也平復不了心中的激動情緒。

依靠力愈少的方法愈能對治心的執著，比如說佛教徒對佛菩薩有信心，所以念佛號對於收攝念頭比較有力量，但是相對來說依靠性也大。如果是數息，數字一二三四沒有意義，不會引起人太多興趣，所以依靠在數字的力量跟依靠佛號或音樂的力量就不同，效果也不同。愈不依靠的淨化方式愈難做到，但是愈有效，愈沒有後遺症。

修行有次第深淺，跟一般人講：「心保持平靜，不要依靠而用功、靜坐。」通常他做不到。同樣的，跟一般人講：「你坐下來，保持覺性，知道念頭來、念頭去，不隨著念頭跑來跑去，心慢慢就定下來。」其實他是做不到的，因爲一般人沒有覺性，只有妄想。要能一坐下來，心保持覺性，唯有靜坐功夫很深、習氣淡薄的人才有辦法。

禪宗祖師講「黑山鬼窟裡面作活計」，山洞裡面烏漆抹黑，你認爲只有自己一人，燈一打開，裡面滿滿都是人，意思是人不覺的心裡有無量無邊的念頭起伏著，但是自己不知道。初學佛的人執著還很重，返觀覺察心念的能力還很弱，一靜坐就像火山在冒煙，不做點事情來減少冒出來的力量，是無法安定下來。心執著往外面攀緣的力量超越一般人的想像與控制，它只會增長，不會減少，除非眞正注意並下苦功夫降伏自己心的習氣執著，否則都只是隔靴搔癢。

很多人靜坐時不依靠任何方法，想保持無念，其實只是自己欺騙自己，畏苦怕難，不肯下眞實功夫參究，懈怠放逸。凡夫何曾無念，都是念起不覺，坐著就是昏沉打瞌睡，心光暗昧不清，光說要靠自己的自覺，但是自己的心時時刻刻都起念，有無量無邊的念頭，你能夠知道幾個念頭？不知道的比知道的多吧？這樣做只是冷水泡石頭，心冷冰冰的，沒有一點積極的作用，坐久了人就呆掉，智慧不會增長。除非你有很深的定力，心的覺性很高，否則用依靠性少的方法，一般人不容易修。

但是修行修到最後，就是要做到心不依靠就能夠定，因爲有依靠就有生滅。修行到最後不依靠，心時刻像明鏡，時刻本性的空都現前，此時空當中有覺，覺當中有空。心不攀緣，但是能夠安住，因爲心的本性現前，沒有妄想扭曲，眞正達到一點依靠都沒有，寂照一如。

64 一元復始

新的一年希望大衆練習對相不生心，心保持平靜，第一步先做到不抱怨。抱怨是世間人常做的，但這是修行人的大忌。一旦抱怨就是把自己造的業、自己的責任歸給別人，不能面對自己，缺失不改就無法進步。不管在寺廟、家裡或公司，身體有病、經濟不好、人事不協調……種種困境都去面對解決，什麼都不抱怨。

人掉到地獄去，爲什麼牛頭、馬面、獄卒對他這麼兇，給予種種折磨？因爲他的業在這裡。人要是到天上，所有人都對他很好，這也是因爲是他造的業。在人間有逆緣、有順緣，也是一樣的道理。一切是自己造的業，所以要面對自己，更要去收拾改進。

第二步，既然知道一切的業、一切的順逆是自己所造，所以遇到困境就要懺悔、反省，心平靜、寧靜、清淨，完全接受自己的種種現實。從現象的不圓滿，去反省目前的困境是自己的哪一個念頭、行爲感應出來的。

要牢記世間沒有所謂的受害者，這都是自己的創造。人受到不好果報時往往怨天尤人，好像自己是這世界上最無辜、最可憐的受害者，不曾檢討反省自己在今生的人格有多少缺陷、做過多少錯事，更何況不知道自己過去生中造了多少錯誤的惡業。俗話講事出必有因，科學講作用與反作用定律，你過去加諸給別人的，都會回到自己身上，你說這到底是公平還是不公平？

自己造業，自己承擔，自己的心沒有貪嗔癡，就不會相應到貪嗔癡的業。人不好的習氣想法就像鉤子，把不好的人、事勾住了。人云「可憐之人必有可恨之處」，這句話有其道理。面對它、接受它，再放下鉤子，就天下太平了。

除了不著相，還要心平靜清淨，知道一切相是自己造的，相不好就要收斂並更正心念或行為的錯誤，不必東尋西覓找其他原因。學佛的人想要離苦得樂、解脫成道，這樣很好，但是更重要的是知道自己有什麼問題。自己周圍的人時事地物都在告訴自己「問題在哪裡」，心裡的問題會呈現在現象上面。

第三步則是從心去放下執著、妄想，用佛法的眞理去解決人生的問題，才能眞正改變、提升。人自認爲的對會讓人造更多的業，如果信宗教信到偏差，人就會以宗教的名義和因緣去做很多壞事，更有力量造惡業。眞理才可以讓人從根源去處理問題。

古代修行人因爲環境因緣單純，住在寺廟單純，在家裡也單純。現代人住在家裡複雜，在寺廟也複雜。古人單一參禪用功，頓悟中有漸修，漸修中有頓悟。現代人業比較重，所以先不抱怨、接受自己的一切，檢討、反省、改進不再犯，並且眞正下功夫從心放下執著，這三個步驟就是修行的基礎。

新的一年希望大家能夠思維不離心法、行爲不離心法，好好實踐心法。一分正確的耕耘，就有一分正確的收穫。問題重複發生就是在告訴我們：自己的心結沒有解，心的垢染還沒有清淨，心的煩惱沒有放下。有智慧的人會依眞正的理去提升進步，沒有智慧的人就在重複的現象中受苦。

65 照顧身體

大家都說，身體健康才有本錢修行，那麼，修行人要如何照顧身體呢？

你從哪裡來，就講哪裡的話，所以從一個人講話的腔調口音就知道他是哪裡人。意思是說一個人在心裡放什麼觀念知見，他就會用這些觀念知見去看、去做、去表達，所以從講出來的話就知道他學過這個、知道這個、有這個經驗。

人的心起的作用都不離開自己的習氣執著，比如說很多人認爲人要吃鈣片、曬太陽才有維他命D，這觀念是從電視、報章雜誌或聽別人講而學來的，這個觀念不一定對。爲什麼？每個人的業不同，身體不好的人曬太陽可能反而得皮膚癌，或是吃鈣片就結石，堅持這些觀念就是堅持世間事，傳達這些觀念是傳達一種不明就裡的事情。

一切法由心所生，心若清淨，不管吃什麼都會變得比較好。一個人有很多貪念、嗔念、煩惱念，縱使吃最健康、最營養、最沒有污染的東西，也沒有益處。所以關於某些食物的好壞，或要吃什麼藥來治什麼病，在修行人來講要適可而止，不需要傳達太廣、太多。

人體的病某些程度是需要醫藥的治療，並注意飲食保健，但是太過強調這些會讓人執著物質現象。一切現象是心所生，物質現象是心的延伸，物質現象的問題只是表面問題，問題的根源在於心，所以必須從表面的物質問題而覺察到心念的錯誤，從心念的錯誤下手改正才是從根本處理，而不是從物質來處理物質的問題，從現象來處理現象的問題。

既然一切現象是心所生，處理病就不能從藥下手，要從心念下手。病是心所生，不化掉心中的執著習氣，營養的食物反而可能變成某人的毒藥。心平靜、少煩惱，這是最好的藥。現象有現象的意義，現象就是告訴你，你現在的心是怎麼作用。要處理問題，必須從現象來檢討自己。例如你跟某個人有善緣，他拿東西給你吃，你就能夠得利益。相反的，你跟某個人過去有惡緣，但是你不知道，表面上你以爲是善緣，他拿好的東西給你吃，你吃了未必能受益。

一切是因緣和合，受自己業力習氣牽引，一切是心所造。每一樣食物、每個人的身體，時刻在變化，例如某種食物中午吃比較好，縱使你眞的中午吃它，但心情不好，吃了可能無法消化吸收，又或者你因爲貪心而又吃了其它東西，對身體就有不好的影響。一切現象是無量無邊的因緣和合，所以關於健康的觀念就有無量無邊的說法，可以有無量無邊的科學理論，講都講不完。修行是從心著手努力，心平靜、寧靜、清淨才能治百病。

修行人要照顧好身體是沒錯，但太強調照顧身體就變成執著。有一個普通的身體能靜坐、誦經、拜佛，就趕快去做這些事情。一切要從心法去看，一切是由業的昇沉、心的清淨與福德而定。有智慧、有福報，人際關係就會變好，身體就會變健康。正所謂提綱挈領，應該傳達的是普世眞理，修行人尤其應該少提世間事。現今人們每天談很多沒有意義的觀念，傳達太多無明，引導人物質化、離開心性，這不是好事。

身體每個部分都可能生病，要注重這些就沒完沒了。修行人是爲了成道證果而活，就必須依心法爲基礎，檢點自己在世間到底有哪些習氣、執著。每個人覺得應該怎麼做的觀念、經驗都是養成的，是個人的業，這種東西無法放諸四海皆準。

人的心裡有不同的毛病，色身就有不同的毛病，重點不在於如何治身體的毛病。要知道「菩薩猶帶三分病」，身體不好就提醒自己用功。人若病了，要以病爲師，以病爲動力，讓自己用功精進、改正錯誤，這才是遠離疾病、保持健康的正確做法。

66 聽經、研經

很多人好奇，經常聽開示或是參加研究佛學的團體，是否有助於修行？

這問題若由禪宗來看就很簡單，一個人如果沒有契悟到本心，不清楚自己的心在哪裡，就沒有資格開口。沒有悟道，不知道自己的心是什麼，就是一個瞎子。既然是瞎子，如何爲人指東指西？你殺一個人就還他一條命，但是你教導人錯誤的知見，不是心性的理、解脫的理、智慧的理，就把人帶到錯誤知見裡起念、生活、修行，造錯誤的業，這輩子如此地錯誤，下輩子、下下輩子都如此，所以教人錯誤偏差的知見就等於是殺他生生世世的法身慧命。

佛法要從嘴巴講出來之前，先掂掂自己有多少斤兩，不懂就不要開口。到了再說，沒有到就繼續用功。我經常講，按照師父講的用功，師父負責；按照你想的用功，你自己負責，這個負責不是小事。先以虛心、恭敬心去學，才能夠眞正學到。

修行的知見是不能隨便的，你如果還沒準備好爲佛法、爲眞理犧牲性命，就還不到眞心求法的層面，你的看法就可以丟到垃圾桶，不用看、不用聽、不用學，這些看法在菜市場就有。正確的知見可以活人的法身慧命，學錯誤的知見還不如不學。修行要薰修正確的知見，修多修少不打緊，但是千萬不能修錯。很少人有這種觀念，說法是要負責的，教人是要負責的，這是智慧的因果、解脫的因果，這種因果比世間的偷搶拐騙還嚴重千萬億倍。

67 網路上課

有人問：「透過電視或網路聽開示的效果，是否比不上親自到寺廟聽課？」

以學習道爲緣的地方，就稱爲道場，所以透過網路聽開示的人也是在道場裡。只要是心清淨、以道爲主，就算客廳、廁所都是道場。如果心不清淨，寺廟的禪堂仍然不是道場。有人覺得透過網路聽課不如在寺廟裡聽，不如在哪裡？不如在求法的切心，不如在自己的承諾，不如在心的清淨。透過網路上課要上得好，就是心很穩定、很平靜，安住聽法，如同師父、護法就在你面前，這樣上課就有效果。若有人眞發道心，生死心切、精進心切，則處處時時都是在道場用功。

68 接受責任

有人會覺得知道佛法的道理後壓力很大，還不如不要了解那麼多道理。然而提升自己不是只有修行人的問題，是每個人要承擔的責任。如何能眞正接受「一切是自己的責任」？不承擔自己所造的業，不練習作主，不能做到讓心變清淨而起出更好的作用，你所起的作用就不好，這無關於你想或不想了解佛法的道理。生命是需要經營的，需要提升圓滿的，人生不是你要幸福就有幸福，要圓滿就有圓滿，沒有正確的觀念和努力的實踐，一切都會落空。

很多人聽到要爲自己的財務狀況、身體健康、家庭環境、人際關係種

種負責，要爲自己的幸福圓滿或痛苦折磨負責，覺得這樣的責任太大了，倒不如不知道這樣的道理，還活得快樂一點。有人以爲不知道自己必須承擔人生的種種，就可以講理由、抱怨、逃避，也有人認爲當一個痛苦的人，還不如當一隻快樂的豬。現在你是人，不可能當一隻快樂的豬，你連變成豬的能力都沒有，講這些是沒有意義的戲論。

你現在有的一切，不管你要或不要，這些是你自己造的，是已存在的事實，要勇於面對。從生命的基礎去走下一步，走正確了，人才能眞正改變提升。就算你自我了斷，苦還是在，糾結能量還是在。

人常會講很多假設，名爲假設就是假的，事實不需要假設，事實是心所造的因緣果報。就事實討論事實，就事實改變事實，就事實而走下一步，才有辦法變好。不管哪一種人，生活在哪個地方、哪一道，必須承擔自己的生命，爲自己的生命負責，沒有人可以例外。

你的心起不同的作用就有不同的現象，你就必須依自己心所造的現象作用而生活。你怎麼造苦，你就按照這個原則去造快樂，所以眞正的問題一定在於自己，不必打妄想說「我不要到這個世間，世間很苦」，或是「我不要懂那麼多道理，不修行還不是一樣過日子」，這些是自欺欺人。了解一切是自己心的作用，找到心、呈現出心的清淨，並且練習安住，創造清淨善法，福慧增長，才能眞正離苦得樂。

心本來就有空、覺、明，這是本自具足不必求，只要放下二元對立的妄想，心的空、覺、明就現前。不放下錯誤的觀念知見，就無法解脫外在的環境條件和困擾。先從不順遂的現象返觀，行有不得、反求諸己，觀照自己心起作用的錯誤方向、習氣、執著，將這些觀念看破、修正、放下、解開，才有辦法脫離不順遂的困境，這個只有自己才能做。

有一首偈子講：「盡日尋春不見春」，每天都在尋找春天。「芒鞋踏破嶺頭雲」，不斷地從這山跑到那山，想要找到答案。世間的人想要找到人生幸福圓滿的答案，修行人則爲了找到開悟的答案、修行成就的答案，一樣是「芒鞋踏破嶺頭雲」。「歸來偶把梅花嗅」，到最後回過頭來，偶然間聞到梅花香。「春在枝頭已十分」，春天的蹤跡已經在梅花的香味和花朵上呈現出來了。梅花的香味、花朵代表作用，這是春風的功勞，春風代表心，心在哪裡，現象就在哪裡。每一個當下的自己與環境、人事等等，都是當下的梅花與其香味，是被心所造、所呈現，是心當下這陣風所吹出的。

要脫離人生的苦、煩惱，或是想要開悟、證果，都不離開清淨自己的心。離開心，所得到的答案都不是眞實的，只是一種方便假設，這答案會因人、因時、因地而不同，是受到很多條件侷限的。

69 修行與世間事

「師父，我想要勸親友修行，但是很多人都覺得修行很辛苦，不想走修行的路，覺得做好世間事就好了，如何才能幫助他們呢？」有弟子問我。

不清楚的心就像不乾淨的鏡子，照什麼都不清楚。世間人追求、攀緣現象很正常，但是如果想要提昇生命，就必須修行。人生是不修行都不行，因爲一切是自己心所造，心中有煩惱，現象就有困境。爲了解決人生的煩惱、困境，就必須修行。修行是自我成長、自我提升、自我覺察、自我覺醒，是不是每個人都應該做？人都想趨吉避凶，就必須把產生出凶的條件因緣放下，不放都不行。

人多少要有精神層面上的修養和提升，否則就完全活在動物界、物質界，看問題或處理事情都是用單純的物質現象去看、去處理。但是不對精神有所了解，是無法處理現象的。對物質太執著的人就會歸罪給其他人，就講功利、權利。你造的業，不管你想要或不想要，這些業是你的，是你眞正的權利義務。

人不知道要提升，就只能取、捨面前這些自己造的業。很多人解決問題只是在選擇做這個好、還是不做這個好？心靈的品質沒有提升，做跟不做的結果相去不遠。例如一個人的智慧、福報沒有提升，投資或不投資生意都可能受苦，成功的過程苦，失敗更苦。提升才是解決問題的根本方法，只是做平面式選擇是沒有用的。像一個乞丐想拿家裡面最寶貴的東西去當，不管拿什麼東西都不會太値錢，不提升而做的選擇就只能是如此了。

要提升進步不能光從現象著力，要知道現象是精神的延伸。人都希望人生的結果好，就像想要有香甜的水果，必須看種子選的對不對，還要耕作的方法、耕作的時間、耕作的態度等等條件配合。人生不是你想要的就能有、不想要的就不會出現。

不管學什麼理論、信什麼宗教，就是要提昇自己，提昇自己就是修行。從精神層面去了解問題的根源，並在物質層面上具體實踐，才能雙管齊下，眞正解決困境。也應該從物質層面的成效去返觀，了解並修正精神層面的理解，這樣子的生命才是完全的，才能創造出光明。

70 忙碌中的修行

古代修行人的生活比較簡單、依靠少，自然煩惱比較少，他們的念頭、身體、環境種種的業比較輕，修行通常只是專注在用功，在面對自己、放下習氣執著上面用心，日常生活已經有一定的清淨程度。因此古代修行人心念一轉，業就直接轉了，參禪就容易上手。現代人的物質環境與思想比較複雜，依靠物質的習氣執著比較重，不論是在念頭、身體、環境或人際關係上，業都比較複雜。現前的業讓自己負擔太重，所以不容易從轉心念當中直接轉掉業，參禪的力量就有限。

現代人參禪或用功要更注重面對自己內心的缺失，現代人佛法聽多了，好像知道用功的方法，但是面對自己的功夫做得不夠。表面看起來很用功，可是不知道要收斂執著習氣，不知道一切唯心所現，不知道一切是自己感招的業，不知道要面對自己。愈能面對自己缺失並痛加針砭的人，放下的習氣就愈多愈快。愈不能面對自己的缺失，負擔就愈重。

心有什麼，現象就有什麼，這是宇宙人生不變的眞理，俗話講：「地獄無門，唯人自招。」地獄、天堂都是人自己造成的。有道心想要用功、成道是很好，但是更要問自己爲何尙未開悟、尙未成道？爲什麼自己修行不能很快進步？病因就是沒有眞正面對自己。面對自己是辛苦的事，但不得不做。

不攀緣好的境遇，也不排斥不好的境遇，因爲攀緣是攀緣自己，排斥也是排斥自己。自己是造福的人，也是自己困境的罪魁禍首。四祖講：「鏡緣無好醜，好醜起於心，心若不強名，妄情從何起？」這就是面對自己的第一個步驟，善緣來知道是自己心所造，惡緣來也知道是自己感應來的惡緣。如果心生排斥，心不平靜，煩惱重、執著重、妄想重，所感應的業就愈來愈重，雪上加霜。

有智慧的人從現象的不圓滿知道要從提升、轉化心靈下手，沒有智慧的人不斷在重複的錯誤裡受苦，到最後傷身害命，再回頭已是百年身。面對自己是離開問題的開始，面對、承認自己所面臨的一切是自己所造，這是修行提升的基礎。

以前有個法師在大殿裡面用功，有個禪師說要抓賊，這個法師很詫異：「自己什麼都沒有偷，爲什麼說我是賊？」禪師說：「你偷的東西就在你手上，怎麼說沒有呢？」意思是說一切業是自己造的，你的心念造成你的觀念、身體、病、人際關係，當下就是清楚的顯現，是你造業的證據，這就是贓物。不知道認取自己心當下生出的一切因緣，而一味向外馳求，心外求法、心外求道就是做賊。

你的業非你莫屬，要不是你是你，你就不會有這樣的業。每個人的業都是獨一無二，都是自己所造，是自己應該承擔的。從世間法到出世間法，都是自己承擔自己的責任，這是修行的基礎，沒有這個觀念就根本談不上學佛。

修行第一步是不著相，再來不但不著相，還要知道一切是自己所造，知道因果始末，知道相從哪裡來。有一種人自以爲在修行，常常叫人不執著，要知道不著相是第一步，接下來則是什麼相都很重要。不好的相是重要的，因爲表示你做錯；好的相是重要的，因爲表示你做對。每一個相都很重要，都要清楚認識、面對，不能模模糊糊，知道因果始末才是智慧，才是面對自己。

〈附錄〉

偈語與經文的意涵

問： 五祖付法給六祖後，講了一個偈子：「有情來下種，因地果還生，無情既無種，無性亦無生。」這個偈子是什麼意思？

答： 第一，世間多少難耐事，自作自受，何妨大肚包容。第二，草木無情，所以不能成佛。

問： 《六祖壇經》講到：「不知一法守空知，還如太虛生閃電。」這是什麼意思？

答： 意思是說，心本來是眞空，不用特意去空它，它就是空。如果執著空，就是在眞空裡造一個「能知道空的我」跟「所知道的空」，還是能所二元。而且若更守著這個空是不對的，如同人看不到天空中那麼大的閃電。既然心本來是空，連起一個「知道」去知道它是空都不需要。用心去知道眞空，這個「知道」只是眞空心所起的一種作用，而所知道的空是當下這個作用所相應的現象，這個作用現象是被眞空心呈現，不是眞正究竟的空，不是心本質的空，不是源頭的本體。

問：《金剛經》講：「一合相者，即是不可說，但凡夫之人，貪著其事。」是什麼意思？

答：如果我告訴你：「你基本上不是人。」你信不信？你無法相信。一般人會依所看到、聽到的去執著分別，見境而生心動念，這樣的心是攀緣的心。佛法講一合相，心是華嚴世界，華嚴世界是一、也是多，但是說華嚴世界是一，衆生就執著一；說華嚴世界是多，衆生就執著多；說華嚴世界是一也是多，衆生就執著是一也是多；說華嚴世界不是一也不是多，衆生就執著不是一也不是多。你跟他講什麼，他就聽什麼、就執著什麼，無法融通。

一合相是一個究竟的道理，但是這個究竟的道理不是你心中所想的究竟的道理，眞正證到了，才能知道這個究竟的道理。好比我跟你講台北有一棟大樓，樓下大門旁邊有什麼花，你沒有到過那裡，跟別人講的時候就會講錯。人看到的世界不是眞實，只是內心的反射，人之外還有別種生態，還有別種世界。

跟你講道理是爲了讓你知道，但是講了之後你就會執著，就會東猜西猜。一合相是指每個當下都是一個整體的存在現象，沒有內外可分，如鏡中像、水中月，可用、可見，但不可把捉，當下生、當下滅。凡夫修行時，看到經文講一合相，會用自己內心的執著去執著有一個外在一合相，想要以自己這個我執的身心去達到一合相，「但凡夫之人，貪著其事」就是這個意思。

問：有偈云：「心隨萬境轉，轉處實能幽，隨流認得性，無喜亦無憂。」這是講解脫的境界嗎？

答：這個詩偈裡描寫的境界很高，是講一個人修行已經達到心空無我，對境界不起心動念，可以說是「隨緣消舊業，更莫造新殃」，是某種程度的解脫，但還不是真正作主解脫。心沒有形相，事來始現，事去心亦隨空。心像鏡子，鏡子裡無我，甲來照、現出甲，甲離開，鏡子不會留下甲的相；乙來照、現出乙，但是乙離開，鏡子裡不會現出乙的相。「心隨萬境轉」就有這麼一點味道，心很清楚地現出當下的相，沒有攀緣染著。

「轉處實能幽」，幽是幽靜、空靈的意思，不沾染塵垢的地方是幽靜、無我、不染塵。心的本質可以起一切作用，心的本質不是這一切作用，但也離不開作用。心含攝一切作用以及當下作用所相應的法界現象，一切作用現象不離心。心可以起煩惱念，但心不是煩惱，煩惱無根，起的時候就已經滅了，所以煩惱黏不到心的本質上。心本空、無我，雖然心可以起種種作用，但是心不會沾染任何一念、任何一個境界因緣。

「隨流認得性」，雖然現象作用不斷變化，但是不隨著境界的變化而忘失本心，時刻都能安住在本心的覺性中。能起作用的心不會隨現象跑來跑去，會來去的是客塵，心是不來不去，清淨心常在，沒有過去、沒有現在、沒有未來。

「無喜亦無憂」，因爲本性是空、無我，起作用的同時作用就消失，心保持空靈、無我。無喜亦無憂不是沒有感覺，不是沒有作用，而是作用不留痕，作用之後不執著作用。

然而這個偈子描寫的不是眞正解脫的境界，這樣的心還沒有眞正作主。心眞正作主是什麼境界？立處皆眞，自己就是這面鏡子，要照哪裡就現哪裡，心作用在哪裡，境界就在那裡，一切境隨心轉，是眞正的生心無住。不是「事來始現，事去心亦隨空」，而是心在哪裡，境界就在哪裡。立處皆眞才是究竟解脫，達到立處皆眞，這面鏡子就是活的，在哪裡出現，就有哪裡的相。

問：以前有人問首山禪師「什麼是佛」，禪師回答「新婦騎驢阿家牽」，這是什麼意思？

答：禪就是本來面目，清淨、平靜、寧靜，沒有煩惱執著、沒有人我是非，這就是心的本來面目。唯有回到這個本來面目，禪才會現前。禪宗的公案或教導都是爲了讓人能夠從現象中剎那間體悟到自己的心，「新婦騎驢阿家牽」，新過門的媳婦騎著驢子，婆婆則牽著驢子，首山禪師會這樣回答有他的道理。

剛過門的媳婦是從別人那裡來的，婆婆則是待在本來的家，這個回答的意思是不要心外求法。心當下生出的作用現象就是新婦，是客人、晚輩，是從外而來，非本有的。阿家是婆婆，是主人、長輩，是指本來就常住在家、能生起一切作用現象的本具心性。騎驢就是指愚痴顛倒，長輩走路、晚輩騎驢豈不是顛倒？倫常顛倒、主客顛倒、心物顛倒，只要著境生心，一切變成顛倒。

公案或祖師的開示大都是讓人放下心外求法，眞空的心顯現當下你所看到、聽到、想到的一切現象，一切現象是心的體現，這句話就是講這個道理。心生出的現象就是法，現象是什麼，心就是什麼。現象怎麼發生代表心怎麼作用，心不這樣起作用，現象就不是如此。法不離心，心不離法，這就是心法。法是心的作用，心是指心的本體，所以本體不離作用，作用不離本體，空不離有，有不離空。從心所生的當下作用、現象，知道心是這樣作用的，當下的現象就是當下的果報、當下的業，了解並安住這個道理，不要心外求法，修行人要直下承擔。

問：有一首偈子：「莫謾求眞佛，眞佛不可見。妙性及靈台，何曾受熏鍊。心是無事心，面是娘生面。劫石可移動，箇中無改變。」請師父講一下這個偈子的意思。

答：「莫謾求眞佛，眞佛不可見」，心沒有形相，眞心起作用，當下就消滅於眞空、消歸於自性，所以不要著相外求，不要從現象、作用去找。作用現象是心當下眞實的呈現，但當下的現象作用只能存在於當下，每個現象作用都是唯一的、不同的、獨立的，但都是從心起的，是來自同一個源頭。執著現象作用就會跟隨著現象作用的不同而流轉、而生滅，所以重點是現象作用的源頭，也就是要了解心、安住心。不隨現象轉就不生滅，能從心安住，則每個現象作用都是獨立而且又是統一的整體。

我正在講，你正在聽，你能夠聽到聲音、能夠有感受，這就是心的作用。人的心被自己的經驗習氣籠罩而無明地起作用，去定義判斷作用所相應而產生的現象，這就是一種扭曲實相生命的雜染作用。不知安住本心的清淨，而將心求心、將心求佛，是以自我爲中心向外去定義，這樣的作用是二元，是心外求法，就是謾求眞佛。如果聽到聲音的當下，心是清淨、無我、平靜、覺現前，就是眞心起的清淨作用，就沒有扭曲、雜染。

不管是心起雜染的作用或是清淨的作用，能夠起作用的源頭是眞正的佛。眞佛沒有形相，是清淨覺悟的心。覺現前，才能達到內無我、外無相，如此才能夠超越二元，才是不扭曲、絕對、統一、整體的實相境界。

「妙性及靈台，何曾受熏鍊」，佛法經常用「妙」這個字，心沒有形相，但是它可以從眞空中起出有形相的作用現象。從空生出一切有，如芥子生須彌爲妙；一切法當下消歸於空，如芥子納須彌爲妙；一切法即體即用，如鏡體不離鏡像爲妙；一切法即生即滅，如人照鏡剎那有而無爲妙；一切法即因即果，如水中蓮花果同熟爲妙；一切法可用不可執，如水中月鏡中像爲妙；當下作用現象是甚深法界緣起，一波才動萬波隨爲妙。心所生作用現象包含過去、現在、未來，包含十方法界，包含整個宇宙人生，無盡緣起，因該果海、果徹因源爲妙。

爲什麼稱爲靈台呢？心一起作用馬上呈現出現象，就像甲來照鏡子，鏡子現出甲，乙來照、現出乙，微細的灰塵飄過來，鏡子也能夠現出它，這不是靈嗎？能夠呈現出業的心隨時在，本來就有。每個人的妙性靈台是本具的，不是外來的，就像鏡子能夠顯相的能力不會因爲甲來照而有，也不會因爲甲離開而沒有，所以說「妙性及靈台，何曾受熏鍊」。

染著的心就不靈敏，一般人的心像沾滿灰塵的鏡子，灰塵飄過來就看不到。我常講，人認爲自己看到事實、聽到事實，其實人是看到、聽到自己的想法。打個比方，法院的法官長期受法律的訓練，有很久的經驗，法官要聽控方跟辯方兩方律師的說法，要研究卷宗、分析案情，最後做出判斷。法律的條文是死的，爲什麼不同法官對同一件事情的判決會不同呢？但是人對一件事情很少會仔細分析，所了解的條件很少，認識的深度也有限，可是人對每件事常常立即做出自己的判決，這樣來看人有多糊塗？

任何一種存在現象都可能激發人內心的習氣，讓人的心生出自己的定義、判斷、執著，所以一方面人是先由內心的執著習氣扭曲地生出現象作用，另一方面又被當下存在的事實激發，讓自己內心的執著習氣現形，兩方面不斷交互作用，並且互爲因果造成生命的僵化定向循環。人的心像一個黑山洞裡面藏了很多蛇，每個現象都是引蛇出洞，現象是什麼，人就有什麼定義，這些定義是很僵化的、不自知的。人都有先入爲主的觀念，這些成心、成見無時無刻不在，每一刻都在替你工作，所以人的成心、成見掌握人生中的每一分、每一秒。

「心是無事心，面是娘生面」，禪宗祖師經常講，當一個無事道人、無事是貴人。心中有執著事、煩惱事就不好，這裡講的無事不是無所事事，而是心清淨、平靜、寧靜。世間事放在心裡是負擔，執著出世間事也是負擔。祖師講：「金屑雖貴，落眼成翳」，金子價值很高，但金屑掉到眼睛就不好，所以再好的心法知見也不能執著它。「娘生面」就是指父母未生之前的面目，也就是一切現象的源頭、生命的源頭。「父母已生」是指現象界，「父母未生」就是指精神界，娘生面是指清淨的覺心。

「劫石可移動，箇中無改變」，劫是佛法用來講時間的，例如「三大阿僧祇劫」是指很久很久的時間。石頭存在地球上很久，可能是幾千萬、幾百萬年的時間，最後還是會壞掉。宇宙不斷變化，世間的事物不會永久存在，所以說「劫石可移動」。心所生的現象作用隨時在變，但是心能夠生出、呈現出現象的能力永遠都在，所以是「箇中無改變」。清淨覺悟的心是我們要契悟、安住的，沒有安住在本心的清淨覺性中，就會隨著現象攀緣、心外求法，就變成能所、生滅，就有時間跟空間的限制，就有生死輪迴及種種的苦難。

愛的推廣辦法

看完這本書，是否激盪出您內心世界的漣漪？

如果您喜歡我們的出版品，願意贊助給更多朋友們閱讀，下列方式建議給您：

1. 訂購出版品：如果您願意訂購一千本（印刷的最低印量）以上，我們將很樂意以商品「愛的推廣價」（原售價之65折）回饋給您。

2. 贊助行銷推廣費用：如果您認同賽斯文化的理念，願意贊助行銷推廣費用支持我們經營事業，金額達萬元以上者，我們將在下一本新書另闢專頁，標上您的大名以示感謝（每達一萬元以一名稱為限）。

請連絡賽斯文化或財團法人新時代賽斯教育基金會各地分處，我們將盡快為您處理。

●愛的連絡處

如果您認同本書的觀念及內容，想要接受我們的協助；如果您十分認同本書的理念，想依循本書的觀念成為一位助人者的角色；如果您樂見本書理念的推廣，而願意提供精神及實質的協助；請與財團法人新時代賽斯教育基金會各地分處連繫：

●台中總會　陳嘉珍　電話：04-22364612
E-mail: natseth337@gmail.com
台中市北區崇德路一段六三一號A棟十樓之一

●董事長新店服務處　林娉如　電話：02-82192432, 0921378642
E-mail: sethxindian@gmail.com
新北市新店區中央五街五一號

●板橋辦事處　邱譯萱　電話：02-82524377, 0915878207
E-mail: seth.banciao@gmail.com
新北市板橋區仁化街四〇之二號八樓

●三鶯辦事處　陳志成　電話：02-26791780, 0988105054
E-mail: sanyin80@gmail.com
新北市鶯歌區文化路二一四號

●嘉義辦事處　邱牡丹　電話：05-2754886
E-mail: new1118@gmail.com
嘉義市民權路九〇號二樓

●台南辦事處　關倩芝　電話：06-2134563, 0939295509
E-mail: sethfamilyl@gmail.com
台南市中西區開山路二四五號十樓

●高雄辦事處　黃久芳　電話：07-5509312, 0921228948　傳真：07-5509313
E-mail: ksethnewage@gmail.com
高雄市左營區明華一路二二一號四樓

●屏東辦事處　羅那　電話：08-7212028　傳真：08-7214703
E-mail: sethpintong@gmail.com
屏東市廣東路一二〇巷二號

●宜蘭辦事處　潘仁俊　電話：03-9325322, 0912296686
E-mail: seth.yilan@gmail.com
宜蘭市宜中路一二〇號

●賽斯村　陳紫涵　電話：03-8764797　傳真：03-8764317
E-mail: sethvillage@gmail.com
花蓮縣鳳林鎮鳳凰路三〇〇號

●香港聯絡處　董潔珊　電話：009-852-2398-9810
E-mail: seth_sda@yahoo.com.hk
香港九龍旺角花園街一二一號利興大樓5字樓D室

●深圳聯絡處　田邁　電話：009-86-138288-18853　E-mail: tlll-job@163.com

●紐約聯絡處　謝麗玉　電話：002-1-718-878-5185　E-mail: healingseeds@yahoo.com

●多倫多聯絡處　黃美雲　電話：002-1-416-444-4055　E-mail: tsaisun2k@yahoo.ca

●台灣身心靈全人健康醫學學會　徐雪萍　電話：02-22197106
E-mail: TSHM2075@gmail.com
新北市新店區中央四街八〇號五樓

你。就。是。依爾達

依爾達 About

隸屬於九大意識家族中的一支

依爾達是由「交換者」組成，
主要從事概念、產品、社會與政治觀念之交換與交流的偉大遊戲。
他們是種子的攜帶者。

他們是旅行家，把他們的想法由一個國家帶到另一個。
他們是探險家、商人、士兵、傳教士及水手。
他們常常是改革運動的成員。

他們是概念的散播者及同化者，他們在各處出現。
他們是一群活潑、多話、有想像力而通常可親的人。
他們對事情的外貌、社會的習俗、市場、目前流行的宗教
或政治理念有興趣，他們將之由一處散播到另外一處。

——摘自賽斯書《未知的實相》

愛，愈分享愈多；生命，愈分享愈廣闊

「依爾達計畫」本著回饋和照顧支持者的心，
希望邀請對賽斯思想和身心靈健康觀有高度熱忱的朋友，
共同加入推廣員的行列，成為「依爾達」計畫的一份子。
傳遞你的感動、分享你心靈成長與生命故事，同時豐富自己的內在與物質生活。
現在，就拿起電話加入依爾達計畫：(02)2219-0400 依爾達小組

台北	佛化人生	台北市羅斯福路3段325號6樓之4	02-23632489
	政大書城台大店	台北市羅斯福路三段301號B1	02-33653118
	水準書局	台北市浦城街1號	02-23645726
中壢	墊腳石中壢店	桃園縣中壢市中正路89號	03-4228851
台中	唯讀書局	台中市北區館前路5號	04-23282380
斗六	新世紀書局	雲林縣斗六市慶生路91號	05-5326207
嘉義	鴻圖書店	嘉義市中山路370號	05-2232080
台南	金典書局	台南市前鋒路143號	06-2742711 ext13
高雄	明儀圖書	高雄市三民區明福街2號	07-3435387
	鳳山大書城	高雄縣鳳山市中山路138號B1	07-7432143
	青年書局	高雄市青年一路141號	07-3324910

台北	賽斯花園5號出口	台北捷運南港展覽館站五號出口	02-26515521
桃園	大湳鴻安藥局	桃園縣八德市介壽路二段368號	03-3669908
	向光之徑	桃園縣中壢市中山東路三段327號	03-4365026
	彭春櫻讀書會	桃園縣楊梅市金山街131號7樓	0919-191494
	新時代賽斯中壢中心	桃園縣中壢市龍昌路7號	03-4365026
台中	賽斯興大讀書會	台中市永南街81號	0932-966251
	心能源社區讀書會	台中市北屯區九龍街85號	0911-662345
	愛麗絲花園	台中市沙鹿區自由路166-6號	04-26365209
南投	馬冠中診所	南投市復興路84號	049-2202833
台南	賽斯生活花園	台南市安南區慈安路205號	06-2560226
	2075 Efharisto	台南市北區北成路20巷1弄28號	06-2816328
高雄	天然園	高雄市林園區林園北路264號	07-6450406
	大崗山推廣中心	高雄市阿蓮區崗山村1號	07-6331187
	新時代賽斯六合推廣中心	高雄市苓雅區六合路21-1號2F	0972-330563
屏東	賽斯花園	屏東市廣東路120巷2號	08-7213545
	秋子壽司	屏東市興豐路68號	
花蓮	新時代賽斯花蓮中心	花蓮市中福路118號	03-8311342
台東	欣納的家	台東市廣東路252號	0933-626529
馬來西亞	Reset/賽斯學苑	sethlgm@gmail.com	009-60147398023
	馬來西亞心時代協會	inquiry@newage.org.my	009-60175570800
	賽斯舞台	mayahoe@live.com.my	009-60137708111
新加坡	LALOLN	elysia.teo@laloln.com	009-6591478972

想完整閱讀賽斯文化的書籍嗎？
以上地點有我們全書系出版品喔！

心靈的殿堂 賽斯學院
需要您慷慨解囊 一起播下愛的種子

賽斯村——鳳凰山莊

位於花東縱谷風景區，佔地六公頃，2006年12月由賽斯基金會接管。這裡群山環抱，雲層裊繞，景色怡人，是個淨心、靜心的好地方……步行 5 分鐘即是賽斯家族的後花園——賽斯學院。

來到賽斯村的每一個人，透過與大自然的親近，與宇宙愛的能量及智慧連結，喚起赤子之心，重新回到內在，覺察每一個當下的自己，開啟內在自我療癒的能力及潛能，創造一個健康、喜樂、富足、平安的生命品質。

翠林農莊是由基金會董事　蔡百祐先生所捐贈購買，園區內小木屋提供賽斯家族及癌友申請長期居住使用。賽斯學院即將於 2010 年落建於此，第一期工程為賽斯大講堂的興建及住宿區 A，第二期工程為住宿 B、行政大樓的興建預計2-3年完成興建計劃。

第一期工程款預估約三千萬，第二期工程款預估約二仟萬，目前正由賽斯基金會提出興建計劃說明及募款，在此呼籲認同賽斯資料，且願意和我們一起推廣賽斯心法的賽斯家族們，能共襄盛舉，讓更多需要幫助的人，能感受到這光與愛。

服務項目

◎住宿◎露營◎簡餐◎下午茶◎身心靈整體健康講座◎心靈成長團體工作坊
◎賽斯資料◎課程及讀書會◎個別心靈輔導◎全球視訊課程連線
◎企業團體教育訓練及社會服務

捐款方式

一、匯款至「賽斯學院」募款專戶　　戶名：財團法人新時代賽斯教育基金會
　　銀行：國泰世華銀行 台中分行　　帳號：006-03-500490-2

二、加入「賽斯家族會員」：每位捐贈本會參仟元整或以上，即贈送「賽斯家族會員」會員卡一張，以茲感謝。（凡持賽斯家族卡至基金會，享有課程及書籍費用優惠）

◎地址：花蓮縣鳳林鎮鳳凰路300號 ◎電話：(03)8764-797
◎http：//www.sethvillage.org.tw　◎Mail：sethvillage@gmail.com

百萬CD 千萬愛心

請加入賽斯文化 百萬CD推廣行列

自2006年10月啟動「百萬CD，千萬愛心」專案至今，CD發行數量已近百萬片。這一系列百萬CD，由許添盛醫師主講，旨在推廣「賽斯身心靈整體健康觀」，所造成的影響極其深遠。來自香港、馬來西亞、美國、加拿大、台灣等地的贊助者，協助印製「百萬CD」，熱情參與的程度，如同蝴蝶效應一般，將賽斯心法送到全世界各個不同角落——隨著百萬CD傳遞出去的愛心與支持力量，豈止千萬？賽斯文化於2008年1月起，加入印製「百萬CD」的行列。若您願意支持賽斯文化印製CD，請加入我們的贊助推廣計畫！

百萬CD目錄＞ （共九輯，更多許醫師精彩演說將陸續發行）

1 創造健康喜悅的身心靈
2 化解生命的無力感
3 身心失調的心靈妙方（台語版）
4 情緒的真面目
5 人生大戲，出入自在
6 啟動男人的心靈成長
7 許你一個心安
8 老年也是黃金歲月
9 用心醫病

贊助辦法＞

在廠商的支持下，百萬CD以優於市場的價格來製作，每片製作成本10元，單次發印量為1000片。若您贊助1000片，可選擇將大名印在CD圓標上；不足1000片者，也能與其他贊助者湊齊1000片後發印，當然，大名亦可共同印在CD圓標上。

1 每1000片，贊助費用10000元，沒有上限。
2 每500片，贊助費用5000元。
3 每300片，贊助費用3000元。
4 每200片，贊助費用2000元。
5 小額贊助，同樣感謝。

您的贊助金額，請匯入以下帳戶，並註明「贊助百萬CD」，賽斯文化將為您開立發票。
戶名：賽斯文化事業有限公司
郵局劃撥帳號：50044421
銀行帳號：台北富邦銀行
ATM代碼012　380-1020-88295

賽斯教育基金會
新店分處

◎書籍、CD
◎輕食、新鮮蔬果汁、咖啡、茶飲
◎心靈成長工作坊
◎場地租借
◎藝文展演
◎賽斯系列商品
◎素人作品
◎個別心靈陪談
◎讀書會
◎身心靈課程
◎癌友、精神疾患與家屬等支持團體

◎電話：(02)82192432 、傳真 (02)22197211
◎花園信箱：thesethgarden@gmail.com
◎地址：新北市新店區中央五街51號
◎新店分處信箱：sethxindian@gmail.com

遇見賽斯　改變一生

財團法人新時代賽斯教育基金會

www.seth.org.tw

宗旨

基金會以公益社會服務為主，於民國九十七年三月正式成立。本著董事長許添盛醫師多年來推廣身心靈理念：肯定生命、珍惜環境、促進社會邁向心靈普遍開啟與提昇的新時代精神，協助大眾認知心靈力量對於健康的重要性，引導社會大眾提升自癒力，改善生命品質，增益家庭與人際關係，進而創造快樂、有活力的社會。

理念

身心靈的平衡，是創造健康喜悅的關鍵；思想的力量，決定人生的方向。所以基金會推展理念，在健康上強調三大定律，啟發大眾信任身體自我療癒的力量；在教育方面，側重新時代生命教育觀念的建立，激發生命潛力，尊重每個人的獨特性，發現自我價值，創造喜悅健康的人生。更進一步建設賽斯身心靈療癒社區，一個落實人間的心靈故鄉。

服務項目

身心靈整體健康公益講座、賽斯資料課程及讀書會、全球視訊課程連線及電子媒體公益閱聽、個別心靈對話及心靈專線、心靈成長團體及工作坊、癌友/精神疾患與家屬等支持團體、企業團體教育訓練規劃及社會服務

1 若您願意提供我們實質的贊助，歡迎捐款至基金會：
捐款帳號：006-03-500490-2　國泰世華銀行 台中分行
郵政劃撥帳號：22661624

2 加入「賽斯家族會員」：凡捐款達三千元或以上，即贈「賽斯家族卡」一張，持卡享有課程及出版品…等優惠，歡迎洽詢總分會。

基金會據點

台中總會：台中市北區崇德路一段631號A棟10樓之1 (04)2236-4612
板橋辦事處：新北市板橋區仁化街40之2號8樓 (02)8252-4377
新店辦事處：新北市新店區中央四街80號5樓 (02)2219-7211
三鶯辦事處：新北市鶯歌區文化路214號 (02)2679-1780
嘉義辦事處：嘉義市民權路90號2樓 (05)2754-886
台南辦事處：台南市中西區開山路245號10樓(06)2134-563
高雄辦事處：高雄市左營區明華1路221號4樓 (07)5509-312
屏東辦事處：屏東市廣東路120巷2號 (08)7212-028
宜蘭辦事處：宜蘭市宜中路120號 (03)9325-322
賽斯村：花蓮縣鳳林鎮鳳凰路300號 (03)8764-797

台灣身心靈全人健康醫學學會 *Taiwan Society Of Holistic Medicine*

秉持著推廣身心靈三者合一的新時代賽斯思想健康觀念
培訓具身心靈全人健康思維之醫療人員與全人健康管理師
提升國人身心靈整體醫療照護，創造健康富足的新人生

期望您加入TSHM會員給予實質支持

、個人會員：年滿二十歲以上贊同本會宗旨之醫事人員或相關學術研究人員。
、團體會員：贊同本會宗旨之公私立醫療機構或團體。
、贊助會員：贊助本會宗旨之個人或團體。
、學生會員：大專以上相關科系所之在學學生。

謝您的贊助，讓TSHM推廣得更深更遠

會捐款專戶：

行：玉山銀行（北新分行）ATM代號：808
號：0901-940-008053
名：台灣身心靈全人健康醫學學會

服務電話：(02)2219-7106
上班時間：每週一至週五上午10:00至下午6:00
地　　址：新北市新店區中央四街80號5樓

心情。筆記 Note

心情。筆記

Note

心情。筆記

Note

心情。筆記 Note

心情。
Note
筆記

心情。筆記

心情。

Note 筆記

國家圖書館出版品預行編目(CIP)資料

禪問：新時代修行的70個處方 / 妙參著. --
初版. --新北市：賽斯文化, 2014.04
面； 公分. --（妙參作品；5）
ISBN 978-986-6436-54-3（平裝）

1. 禪宗 2. 佛教修持

226.65 103002292